アメリカ　暴力の世紀

アメリカ
暴力の世紀

第二次大戦以降の戦争とテロ

ジョン・W.ダワー
田中利幸 訳

岩波書店

THE VIOLENT AMERICAN CENTURY
War and Terror Since World War II

by John W. Dower

First published 2017 by Haymarket Books, Chicago.

This Japanese edition published 2017
by Iwanami Shoten, Publishers, Tokyo
by arrangement with John W. Dower
c/o Georges Borchardt, Inc., New York
through Tuttle-Mori Agency, Inc., Tokyo.

靖子に捧げる

日本語版への序文

原著英語版の序文(「はじめに」)にあるように、『アメリカ　暴力の世紀』*の最終原稿は二〇一六年九月に出版社に提出された。したがって、第二次世界大戦で始まりその後七〇年間続いた世界的規模でのアメリカの軍事化と暴力に関するこの本での解説は、バラク・オバマ政権の最終期で終わっており、二〇一七年一月に始まったドナルド・トランプ政権についてはなにも述べていない。

それでは、いわゆる「アメリカの世紀」に対してトランプ政権が与える衝撃については、いったい何が補足できるであろうか。日本の読者に向けてこの新しい序文を書いている今(二〇一七年夏)の段階では、多くのアメリカ人と世界の大部分がドナルド・トランプを不安の目で見ている。私の個人的な考えでは、彼は、世界で最も強力な国家を指導するにふさわしい知性も気質も備えていないように思える。彼は読書をしない。物事の詳細を知ろうとする忍耐力を全く持っていないし、物事の正確さや真実を尊重することもない。彼の注意力は薄弱で、英語の表現はとりわけ粗野である。オバマ大統領が知性溢れ、表現力も豊かであったのとは極めて対照的である。

対照的なのはそれだけではない。現大統領は歴史を理解する能力に欠けるし、歴史に対する興味もない。彼の白人としての人種差別主義は露骨で、女性を侮辱することにも喜びを感じている。金持ちと権力を持っている人間は別として、他人と共感するということができないし、アメリカの伝統的な同盟国の政治家よりは、世界の独裁的なリーダーを相手にすることに満足感をおぼえるように思える。トランプと彼に近い関係にある支持者たちは科学と知的作業一般をバカにし、現在、まさに地球の存在そのものを脅かしている二つの脅威を、「インチキ」だとみなして無視している。その二つの脅威とは、一つは気候変動であり、もう一つは核兵器の「現代化」とさらなる拡散の可能性である。

そうした中でも最も重要なのは、トランプ大統領が世界のリーダーとして、「支配」以外に、アメリカの将来について明確な展望をなんら持っていないという、ひじょうに不安な状況にあるということである。「アメリカ・ファースト」や「アメリカを再び偉大な国にする」という彼の好戦的な宣言が意味しているのは、根本的にはそういう不安のことなのである。アメリカ合衆国がこれまで防衛してきたと主張する価値観には全く関心がない。そうした価値観とは、民主主義、規則に則った世界秩序、国際条約の重要性、人権ならびに市民権の擁護、最適な多国間協力という理想などである。「社会正義」というのは、彼の政治用語においては軽蔑すべき言葉なのである。「国際主義」も同じように扱われている。

そのような反動的かつ自己愛的で、悪名高いほど激情的な人間が、現在、そしてこれからの数年間、圧倒的に破壊的な暴力を使う権限を持っているということは恐ろしいことである。トランプが、国内の政治的困難に応じるために、海外に攻撃先を求めていくということを想定するのは不当なことではない(歴史家や政治学者にとっては、国内問題から注意をそらすために海外で事件を起こすというのは、「安全弁」方策という名称でよく知られているやり方である)。こうした方策の中には、北朝鮮あるいはイランに対する軍事攻撃、シリアやアフガニスタン、あるいは中東・北アフリカのその他の国に対する軍事攻撃の可能性が含まれている。現在高まりつつあるロシアや中国との緊張関係が、トランプの病的とも言える自己中心的な行動によって急激に悪化することも十分ありうる。実に驚くべきことだが、すでに彼は、アメリカとEU(ヨーロッパ連合)やNATO(北大西洋条約機構)の関係でさえ不安定にしてしまった。

トランプに対する最も厳しいアメリカの批判者の中には、彼の正気のほどを疑問視し、彼を「一種の病気」と呼ぶ者たちさえいる。これほど頻繁には使われてはいないが、しかし最終的にはもっと不安を呼び起こす表現は、トランプはアメリカと世界の両方に見られる醜悪な流れの兆候でありまたその象徴でもある、と見なすものである。現在の我々にとって極めて危険なことは、トランプ個人ではなく、むしろ彼を世界の全般的状況のバロメーターとしてみることができるという事実である。トランプの不寛容性と「アメリカ・ファースト」の愛国主義は、国際主義の拒否と、世界的に見られる民族間、宗教間の憎悪、愛国主義的な憎悪と完全にマッチしているのである。

もっと具体的に言うならば、トランプの極端な言語表現と行動を好む性癖は、もともとアメリカの気質なのである。彼は、アメリカの国家と社会には力があり、その力が第二次世界大戦以来、繰り返し自国の高貴な理想を唱導し、推進してきたと考えている。しかし同時に、実はそれが、アメリカの軍事化と世界的規模での非寛容性と暴力行使に積極的に加担してきたのである。この後者のアメリカは、常に、偏狭な行為、人種偏見、被害妄想とヒステリーを生み出してきた。ドナルド・トランプのような扇動政治家で残酷な軍事力を重要視する人物は、こうした状況でこそ活躍するのである。いわゆる「アメリカの世紀」のこの暗鬱な戦後史の側面の分析が、この小著のテーマである。

＊

「アメリカの世紀」という表現は、『ライフ』、『タイム』、『フォーチュン』などの大衆雑誌を発行していたヘンリー・ルースによって、一九四一年初期に評論の中で使われたことに発している。ルースはこの評論で、アメリカが経済的にも軍事的にも世界で最も強力な国となることを期待して、アメリカの信念と活動の美徳を説明することに多くの字数を費やし、現下の世界紛争が終わり次第、どのように、こうした信念と活動が海外に広められるべきであるかを説いた。ルースがここで明言した理想は、第二次世界大戦に続くアメリカによる(一九五二年まで続いた)日本占領の最初の数年間にアメリカ人征服者によって日本に導入された、一連の改革的な「平和と民主主義」政策にも影響を与えた。こうした改革の中に、今日まで一度も改正されずに維持されてきた日本国憲法が含まれている。

冷戦が深まった一九四七年頃から、アメリカの政治家や政策立案者たちは改革志向の理想主義をほとんど捨て去り、代わりに、国内と世界の両方で「共産主義を封じ込める」という考えにとり憑かれるようになった。占領下の日本では、改革計画の多くが破棄され、保守的な政治的・経済的権力の復活の道が用意されるという、「逆コース」の道がとられるようになった。「逆コース」というあからさまな表現は決して使われなかったが、アメリカ合衆国自体も、同時に、徹底的な軍事化という性格の「逆コース」の道を走り出した。「アメリカの世紀」という表現は基本的に、アメリカの軍事的・経済的な世界覇権を意味するキャッチフレーズとして使われるようになり、それが、一九九一年のソヴィエト連邦崩壊による冷戦終焉後も、長く今日まで続いているわけである。

アメリカ合衆国が絶対的な覇権を握ったことが決してなかったのは明らかである。「冷戦」という表現は、「共産圏」と「非共産圏」が相互に対立しあうという、世界の双極化を意味していた。アメリカ合衆国が「唯一の超大国」となったソヴィエト連邦崩壊後でさえ、世界の大部分はアメリカ政府の影響の外にあったし、いわんや支配下にはなかった。大量虐殺が第二次世界大戦後の世界を破壊し続けた。民族間、部族間、宗教間の破壊行為、政治的破壊行為が、アジア、アフリカ、中東、ラテンアメリカで起きた。そうした破壊行為は、常にではなくとも、しばしば、ソヴィエト連邦またはアメリカ合衆国、あるいはフランスやイギリスといった他の「大国」の、秘密活動やあからさまな介入によって扇動された結果として起きた。恐ろしい残虐行為と人為的、意図的にもたらされた苦痛が共産圏内部で発生したが、それらにはソヴィエト連邦や中華人民共和国での殺人的な国内政策が含まれる。

「アメリカの世紀」の概念を説明するために、様々な事象を本文で紹介したが、同時に、なぜ「アメリカの世紀」という表現が今も意味あるものであるかに関する、私自身の具体的な議論も展開している。第二次大戦以来、アメリカが行使した軍事力と影響力に匹敵するような力を持った国は世界どこにもないし、歴史的にもそのような国はなかった。アメリカ国防総省の年間「基本予算」は、世界中のその他の主たる国々のすべての軍事予算を合計したものを超える額である。その上、戦争関連活動のための全費用の大部分が実際には秘密にされているか、複雑な会計作業で分からないようになっている。アメリカの軍事エリートは、「技術的非対称性」と、現代のあらゆる紛争分野(すなわち陸・海・空・宇宙・サイバースペース)での「全面領域支配」、その両方をあくまでも維持することに専念している。かくして、国内の軍事請負会社への永続的支援の確約と、世界的な規模での終わりのない軍拡競争を持続させているのである。

バラク・オバマを含む、第二次大戦以来のホワイトハウスにおけるトランプ以前の全ての前任者が、この終わりなき軍事化に貢献してきた。オバマ政権の最終段階までに、サイバー戦争と無人爆撃機ドローンによる暗殺が、戦争関連技術の非対称性の維持を追求する新提案リストのトップに位置づけられた。「核兵器の現代化」も同じ扱いを受けた。精鋭「特別部隊」による秘密行動の拡大、世界の一四〇カ国に及ぶ国々での中央情報局(CIA)と国防総省による秘密作戦の実施もまた、優先順位の高いリストである。さらに、そうしたリストの中には、海外約八〇〇カ所に設置されたアメリカ軍基地の維持も含まれており、こうした基地の中には小さな都市とも称せる大規模なものから、ひじょうに小さいために、軍事専門家の間で「スイレンの葉」と呼ばれる小規模なものまで、様々である。

オバマ政権が終わったとき、アメリカ合衆国は公表されていたものとしては中東とアフリカで五つの紛争に軍事的に関わっていた。「テロリズム」に対する被害妄想が、警戒監視への強迫観念を生み出し、アメリカは一七の超秘密裏の情報収集組織を持つようになった。アメリカの軍事活動は、一般的に、アメリカ軍事史にかつて見られなかったような激しい度合いで、利益を追求する企業に下請けさせることを通して「民営化」されるようになった。傭兵を雇うというのも、前例のないこうした民営化の一つの傾向であった。情報非公開があたりまえになってしまった。

「国家安全保障国家(national security state)」とか「監視国家」といったような標識的な用語に見られるように、アメリカの政治的な専門用語までが、常に軍事化されるような状態になっている。こうした傾向は冷戦初期にまで遡ることができるものの、一九九一年のソヴィエト連邦崩壊でこの傾向が止むことはなかった。逆に、一九八〇年代に始まったコンピューター化された戦闘といわゆる精密攻撃兵器の出現が、軍事化に新しい技術という刺激をもたらし、戦略立案者たちはそれに夢中になった。その上、アメリカの政策立案者やイデオローグたちは、二〇〇一年の9・11事件でのトラウマのために、「テロリズム」を、かつて地球の存在そのものに対する脅威と見なしていた「共産主義」に代わるものとして見なすようになったのである。こんな状況では、誰が大統領になろうと、民主党と共和党のどちらがアメリカ政治を支配しようと、なんの違いももたらさなかった。

これがトランプ大統領が受け継いだ、集合的心理状態の国民国家である。二〇一七年一月以来、彼の醜悪な人格が繰り返しニュースで取り上げられてきたことは十分理解できるのであるが、しかし同時に、それは誤解を招くものでもある。トランプは、反動的かつ選挙で力のある共和党員を含む数百万人の数にのぼるアメリカ人を操っている。彼は、連邦議会政治が冗談のようなものと見なされるようになり、それゆえ「民主主義」そのものがますます機能しなくなっている国家を統治しているのである。彼は「帝王的大統領」の頂点であり、「防衛」と「安全保障」の名のもとに、政府予算と優先政策の巨大な軍事化を促進している。トランプの、外交一般と、とりわけ国務省に対するあからさまな蔑視は極端すぎるかもしれないが、彼が賛美する「全面領域支配」は、いまや、アメリカの政治文化の遺伝子に深く組み込まれているのである。

＊

このような状況に日本は全く安心していられないが、かといってここから逃れることもできない。第二次大戦後、アメリカ合衆国が日本を占領して以来、日本は、ワシントンから発令される誤った戦略政策に対して、自主的な、あるいは実質的な批判を述べられる立場にはなかった。

米ソの核兵器競争が世界を消滅させる恐れがあった、一九五〇年代から八〇年代にかけての脅威的な数十年間は、とりわけそうであった。一九六〇年代から七〇年代初期にアメリカが東南アジアで残虐な戦争を行っていたときの、日本政府のアメリカ政府への盲目的従属は明白であった(東南アジアでの戦争では、アメリカ軍はベトナム、ラオス、カンボジアに、一九四五年に日本の六〇を超える都市に対する破滅的な空襲で使った爆弾の、四〇倍以上にのぼる量の爆弾を投下した)。アメリカの残酷な軍事力使用に対する中毒状態への日本の服従は、二〇〇一年九月一一日の世界貿易センターと国防総省ビルへのアルカイダによるテロ攻撃に続いて、アメリカが全く誤った考えから始め、最終的に大失敗に終わった、アフガニスタンとイラクへの侵略戦争でも繰り返された。本書でのアフガン・イラク戦争問題やアメリカ軍によるその他の多くの暴力ケースに関する分析では、日本についてはほとんど触れなかった。しかし、この日本語版の読者は、日本政府が、いやそれのみか日本の政治家たちが個人的にも、実質的にはアメリカの行動全てを支持していたということを心にとめておくべきである。

戦後、アメリカ合衆国との同盟関係の下で、日本が、多くの面で成功をおさめてきたことは誰も否定できない。日本は豊かな国になった。民主主義も機能している。この点、隣国である中国については、同じことは言えない。全体的にみれば、国民は反軍国主義を支持している。アメリカの巨大な「国家安全保障国家」や「監視社会」に相当するようなものは、いまだ日本には存在しない。日本は重要な兵器輸出国でもないし、年間国家予算が飽くことを知らない戦争機構の維持に重きをおいているということもない。

これらの事態は、日本がまだ占領下にあった一九四六年に国会で採択された「平和憲法」のビジョンと理想を、国民が支持し続けてきたことを反映しており、この日本語版序文を書いている現在に至るまで、この憲法は変更されていない。日本の保守主義者や新愛国主義者たちが熱望しているように、日本がもっと「普通の」軍事化を促進するために憲法を変更するようなことがあれば、戦後日本国家の性格を変えることは間違いない。しかしながら、そのような憲法の変更が行われても、そのことで、今日まで日本の安全保障政策を特徴づけてきた、アメリカ政府の指令に対する日本の従属と追従に変化が起きることは全くない。いやそれどころか、日本政府は、トランプと彼のアドバイザーたち(さらにはその後のアメリカ政府の継承者たち)が着手すると思われる新しい軍事戦略に、それがいかに思慮不足で好戦的なものであろうと、「積極的に」貢献するようにとの圧力をますます強く受けるようになるであろう。

過去数十年の「アメリカの世紀」における、世界的な広がりでの暴力の極めて多様な歴史を見てみるならば、このような将来にはあまり期待は持てそうもない。

二〇一七年八月五日

ジョン・W・ダワー

＊訳者注：英語原書の題名は *The Violent American Century* であり、著者が英語版序文（「はじめに」）でも説明しているように、ヘンリー・ルースが一九四一年に発表した評論の題名"American Century"（アメリカの世紀）を利用し、それに"Violent"（暴力の、暴力的な）という形容詞がつけられている。したがって、文字通りの日本語訳は「暴力的なアメリカの世紀」となる。しかし、題名が読者に与えるインパクトを考えて、岩波書店編集部の提案で日本語訳の書名は『アメリカ　暴力の世紀』とした。

＊以降、〔　〕は訳者による注を、［　］は原書の著者による補足を示す。

はじめに

二〇一五年、日本の岩波書店が全九巻のシリーズ、岩波講座『現代』の第一巻を出版したが、これに私は「第二次世界大戦以降の戦争とテロ」と題する論考を寄稿した。この小著はその論考をもとに書き下ろしたものである。

テーマは元の論考と同じであるが、『ライフ』などの雑誌の創刊者、ヘンリー・ルースが一九四一年に同誌に発表した評論の題名「アメリカの世紀」をもじり、実際には長く続いてきた憂うべき状況を表すために「暴力の」という形容詞をつけた書名にした。ルースのこの評論の大げさな題名が人気を博したのには明らかな理由がある。アメリカは実際、第二次世界大戦が終わるや否や、世界で最も豊かで、強力で、影響力のある国家として出現した。そして今もその状況は同じである。しかしながら、それには、そのような国家としての適格性が問われなくてはならない。

戦後数十年にわたって、「パックス・アメリカーナ〔アメリカ支配による平和〕」という大げさな表現が使われてきたにもかかわらず、実際にアメリカ合衆国が世界の覇権を得るにまで至ったのでは全くなかった。一九四五年から九一年まで続いた「冷戦」は、アメリカとソ連の二つの超大国、あるいはもっと一般的には、資本主義と共産・社会主義の二大「陣営」あるいは二大「ブロック」が敵対する危険な時期であった。しかし、この二極拮抗という言葉も、実際には分断され混乱状態にあった世界の状況を表すには、単純化しすぎた表現であった。

さらに、一九九一年のソヴィエト連邦の崩壊とそれに続くアメリカの世界「唯一の超大国」としての出現にもかかわらず、二一世紀には、「アメリカの世紀」という自惚れを退ける理由となるような事件がますます多く起きるようになった。冷戦の終焉は、確かにアメリカ合衆国の記念すべき勝利であったし、それとほぼ同時に起きたごく短期間の湾岸戦争でのイラク軍に対するアメリカの圧勝は、デジタル技術と精密攻撃兵器を駆使する新しい時代のアメリカ軍が、敵にとって攻略不可能の能力を保持していることを確認することにもなった。この二重の勝利は、しかしながら、実際には欺瞞的なものであった。

アメリカ合衆国は、その圧倒的な軍事力にもかかわらず、冷戦期の朝鮮戦争とベトナム戦争では停戦と敗北を経験した。冷戦終焉の一九九一年からわずか一〇年後の二〇〇一年九月一一日、アルカイダによる世界貿易センターと国防総省ビルへの攻撃が実行された。これに対する応酬としてアメリカ政府が開始した「テロとの世界戦争」は、拡大中東圏に終わりの見えない不安定と混乱を引き起こしたことで、アメリカの軍事的失敗を再び証明してしまった。アメリカ政府にとってひじょうに無念であったと同時に失望的であったのは、国防総省の先例のない技術的優位性が、主として低レベルの不規則な戦争に関わっていた、ほとんど無秩序ともいえる非国家集団や国家集団によって挫折させられたことであった。

かくして我々は、豊かで、自国を美辞麗句で賞賛する見事な武装国家、巨大な軍事力と過度の傲慢さをもつ国家である一方で、深刻な被害妄想、失敗感、病的逸脱に苛まれている国家という、矛盾に満ちた状況に直面している。こうした事態にもかかわらず、「アメリカの世紀」という造語は、今も役に立つと私には思えるのである。良し悪しは別にして、アメリカは、世界で対抗できる国がない国家として聳え立っている。その経済力はどこの国にも負けない。その繁栄と表向きの理想は多くの人々をいまだに感動させる。アメリカが行う戦争(あるいは平和維持)が成功しているかどうかについてはいろいろな判断があるものの、その影響力がいまだ大きいことは確かだ。世界はかつて、これほど広範囲に分散する諸外国に、これほどまでに多い軍事基地を持つ国家を見たことはない。二一世紀の一〇年代には、アメリカはほぼ七〇カ国で八〇〇以上の基地を持ち、一五万人の兵員を配属している。アメリカの年間の軍事関連予算は、世界のその他のほとんどの国々の軍事関連予算を合計したものより大きい。想像可能な最も精密な破壊手段の維持とその絶え間ない最新化、そして、それに追随しようとする同盟国や仮想敵国に対する威嚇という点では、アメリカに匹敵する国は全くない。

欠陥と失敗の両方を伴うアメリカの抜群の軍事力は、第二次世界大戦後に現れた「アメリカの世紀」の重要な側面である。この軍事力と並んで、戦後の長い時間ずっとその通奏低音のように流れ続けてきたのが、この本の題名の一部である「暴力」である。かくして、この本の極めて直接的な、しかし中心的な関心は、一九四五年以降、世界の武力紛争と戦争によってもたらされた死と苦難、精神的苦痛などの広範囲性、大規模性、多様性を簡潔に概観し、描写することにある。それには、アメリカ合衆国がなんら関わりをもたなかったと思われている、あるいはごく周辺的な関わりしかもたなかったと考えられている大量虐殺、政治殺戮、内乱、局地的紛争も考察の対象とする。同時に、アメリカは、アメリカ人の大半が思っているより、あるいは関心があるよりもずっと、頻繁に海外で暴力行為に関わってきた。そのような暴力は、公的な海外派兵によって、あるいは国連またはＮＡＴＯの活動の一環として使われたが、しかし、しばしばアメリカ一国だけの不法の「暗闇」の作戦でも使われた。冷戦中も冷戦後も、アメリカ合衆国はソヴィエト連邦ならびにその継承国ロシアと同様に、代理戦争、武器輸出、独裁政権支援を通して暴力行為を帮助したのであり、アメリカの場合はそれらがみな、いつも、平和、自由、民主主義という名称の下に行われた。こうした外国への介入行為の多くが反米という反動を生み出したし、今も生み出している。

戦争関連暴力に焦点を当てることで私は、戦後数十年にわたる時期は比較的平和な時期であり、一九四五年以来、世界の暴力は急減したと主張する現在の学術研究の傾向には逆らう形をとる。しかし、私は、暴力減少主張派の議論に直接反論するためには時間を割かない。暴力減少主張派は統計数字が表すおもしろい傾向に焦点を当てるが、私はそれとは異なった方法で、もっと悲惨な面に焦点を当て、軍事暴力を様々な局面から検討することで、世界がなぜそうなっているのかを説明してみたい。私の分析の焦点の一つは、一九四五年からソ連が崩壊した一九九一年までの時期に充てられるが、死と荒廃が世界を覆ったこの時期が「冷戦」という名称で呼ばれることは、冷酷で偏狭な冗談としか思えないのである。

二一世紀の二年目以来、我々は「テロ集団」と「テロリズム」に対するみじめな恐怖感にいつも取り憑かれている時代に生きてきた。しかし、この種の非道な行為は決して新しいものではない。大規模な国家テロがヨシフ・スターリン支配下のソ連や毛沢東支配下の中国の共産主義国家で行われたが、主としてそれは国内に存在する敵と考えられた者たちに向けて行われ、両国の評判にいつまでも汚点を残すことになった。しかしながら、9・11事件以来、テロは主としてアルカイダやISIL（イラク・レヴァントのイスラム国家）、その他の同種の非国家組織によって繰り返し行われる残虐行為という形で、アメリカ人と西側諸国一般の人々の意識に入り込んでいる。それらのいずれのケースも、アメリカ以外の国家や組織によって行われるテロに焦点が当てられている。

こうしたテロリストの暴力行為については本書の中でも触れる。しかし同時に、本書では、一般的にはタブーとなっている、アメリカ合衆国とその同盟諸国が行っている国家テロという問題に特別の注意を払う。こうした国家テロの中には、人口が密集した市や町を意図的に攻撃目標として破壊し、敵の士気も破壊するために、第二次世界大戦時から一九五〇年代の朝鮮を経て一九六〇年代、七〇年代の東南アジアに至るまで長年、広範囲にわたって行われた戦略爆撃が含まれている。冷戦を扱う章では、アメリカの戦略家たちが、核軍拡競争の「テロ〔恐怖〕の微妙な均衡」と呼んだ問題について議論し、本書の終わりの方では、敵を脅迫するこの狂気じみた行動が現在では「核兵器の現代化」という形で復活している事態を紹介する。さらに、一九八〇年代を取り扱う別の章では、拷問を含む「反共産主義」テロを行ったラテンアメリカの右翼政権や反乱組織をアメリカが支援していたケースを取り扱う。

9・11事件に対応してジョージ・W・ブッシュ政権が「テロとの世界戦争」を宣言し、大失敗に終わるアフガニスタンとイラクへの侵略を開始したとき、それを多くの人がアメリカのそれまでの政策方針からの逸脱であると批判したが、実際にはそうではなかった。アルカイダの一九名のテロリストによって実行された残虐行為に対する過度の反撃――二〇〇三年のイラク侵略では、「衝撃と畏怖」を与えるための大規模爆撃により始められた――は、基本的には、すでにそれ以前からの海外への介入で経験済みの戦争執行機関の活用と同じものであり、猛烈な空爆、秘密作戦、拷問のような「犯罪的な」活動を含むものであった。

この本の比較的短い本文につけられた長い脚注の多くの部分は、アメリカの世紀において絶え間なく続いている軍事技術の発展と、それに伴い軍内部で使われている特殊用語に関する私の個人的な興味を反映している。軍人の話し方では軍事用語が頻繁に使われることからも分かるように、軍事政策を練り上げるときに使う言葉が文字通り、紋切り型になる(しかも、軍隊の場合は、とりわけ頭文字の組み合わせでの表現が頻繁に使われる傾向が極めて強い)。これはグループ同一思考を作り出すことになるが、このグループは、冷戦終焉とコンピューター化された戦争が同時に起きたときのように、その時々の状況変化や技術的必然性によって戦略を再考するための柔軟性を持っていなければならない。脚注の多くの注釈は、こうした言語、技術、戦略が重層する内部情報に注意を払っている。内部情報とは、機密扱いからはずされた計画書類、機密扱いとはなっていない任務報告書、軍隊下部組織で使われる「拷問手引書」、シンクタンク(頭脳集団)による研究成果、トップレベルの政策決定文書、元戦略立案者やCIA工作員が何を見たのか、また、窮地に追い込まれた状況の中で自己批判的に厳しく考え直すことで何をしたのか、といった回顧録などである。

脚注はまた、この本が、第二次世界大戦後の世界における暴力の様々な悲惨な局面について鋭い分析を行ってきた、多くの調査専門家の仕事に負っていることを示している。さらに、トム・エンゲルハートとニック・タースからこの本の執筆にあたって受けた支援はひじょうに貴重であった。この両名は鋭利な論述の発表と貴重なウェブサイト「トム・ディスパッチ」により、報道記事の批評内容に高い水準を設定している。一九六〇年代末の大学院時代からの私の親友であるトムは寛容にも、しかしときには厳しい目で最終草稿を編集してくれ、ダオ・X・トランはコピー・エディターとして私の拙い表現を注意深く読み、なめらかにすることで助けてくれた。しかし、言うまでもなく、本書のすべての内容と欠点に関して責任があるのは私自身である。

二〇一六年九月三〇日

アメリカ　暴力の世紀

目次

日本語版への序文　vii
はじめに　xvii
第1章　暴力の測定　1
第2章　第二次世界大戦の遺物　019
第3章　冷戦期における核の恐怖　027
第4章　冷戦期の戦争　047
第5章　代理戦争と代行テロ　065

第6章　世界の旧体制と新体制　一九九〇年代　081
第7章　9・11事件と「新しいタイプの戦争」　099
第8章　不安定の連鎖拡大反応　121
第9章　七五年目の「アメリカの世紀」　137
注　145
訳者あとがき　181

第1章　暴力の測定

Measuring Violence

我々は今、混迷極まる暴力の時代に生きている。二〇一三年、アメリカ軍統合参謀本部長は米連邦議会上院の一委員会で、世界は「かつてないほど危険な状態にある」[1]と述べた。しかし、統計学者はこれとは異なった見解を、すなわち、第二次世界大戦以降、戦争と致命的な紛争の数は漸次、明確に、いや急激にと言えるほど減少してきた、と主張する。

主流派とみなされている多くの学者たちは、この暴力減少傾向という見解を支持する。ハーバード大学の心理学者、スティーブン・ピンカーは、話題になった二〇一一年の著書『善良な我々の本性――なぜ暴力は減少したか』の中で、四〇年以上にわたる冷戦期(一九四五―九一年)を「長く続いた平和期」と名づけ、さらに冷戦後からこれまでの時期を「新しい平和期」と呼んでいる。その本の中だけではなく、その後の論考、ネット論文、インタヴューなどでも彼は、暴力的大惨事の発生を予言する人々を激しく批判している。彼に言わせれば、統計数字は「人類が存在するようになって以来、今日、我々は最も平和な時期に生きている」[2]ことを示唆しているのだそうだ。
大げさに褒めたたえるほどの「平和」ではなくとも、確かに、第二次大戦以来、世界的規模での紛争の数とその結果としての殺傷が減少したことは事実であるので、常識に従えば、明らかにこの点で妥協点を見出すべきだということになろう。このいわゆる戦後平和は、これまでも、そして今も、流血と破壊という苦難で染まっている。
冷戦期の戦争関連死亡者の総数は、第二次世界大戦の六年間(一九三九―四五年)の死亡者総数より少なかったし、二〇世紀の二つの世界大戦での死亡者数を合計した数よりも明らかに少なかったと主張することも正当である。さらにまた、第二次大戦以降、紛争による死亡者数が全般的に減少した事実も否定しがたい。にもかかわらず、第二次大戦後に起きた最も破壊的な国内での、または国家間の五つの紛争、すなわち中国、朝鮮、ベトナム、アフガニスタン、イラン・イラクでの戦争は、いずれも冷戦期に起きた。同時に、ソ連、(再び)中国、ユーゴスラビア、北朝鮮、北ベトナム、スーダン、ナイジェリア、インドネシア、パキスタン・バングラデシュ、エチオピア、アンゴラ、モザンビーク、カンボジアなどの国々で引き起こされた最も激しい政治的殺戮、政治的大量虐殺と大量殺戮(ジェノサイド)の大半が、この冷戦期のものである。しかも、(ルワンダ、コンゴ、さらにはシリアでの内戦に見られるように)冷戦の終焉は、そうした残虐行為の停止を意味するものでは決してなかった。しかし、大規模戦争に限れば、その数は確かに減少傾向にある。[3]
暴力減少主張派が、冷戦期以前の世界的規模での紛争よりも冷戦中は暴力が少なかったと主張し、冷戦後の二〇年間も暴力は統計的には少ないと喜んでいるのも不思議ではない。しかし、一世紀の四分の三の時期を占めるこの期間を「平和」と呼んで綺麗事にする、その動機はいったい何なのであろうか。答えは、主に、強大国にのみ焦点が当てられていることにある。冷戦期の二大敵対国、アメリカ合衆国とソヴィエト連邦は、保有する核兵器で睨み合っていたが、実際にそれを使うことはなかった。事実、大国あるいは先進国の間での戦争は（ピンカーの言葉を借りれば）「ほとんど時代遅れ」のものとなった。第三次世界大戦は起きなかったし、これからも起きないであろう。(4)

かくも楽天的な統計的判断は自己満足を呼び起こす（われわれ生命に限りある人間は、暴力低減という点でなんと高潔な生き物になったことであろう！）。冷戦に勝利したという意識が今も強く存在するアメリカ合衆国では、一九四五年以降の暴力低減は、アメリカの「平和維持」の知恵と徳、それに軍事力のおかげであると一般には考えられている。タカ派の中では、核抑止力、すなわち「微妙な恐怖の均衡」とかつて称された冷戦期のMAD（相互確証破壊）理論が、破滅的な世界紛争を防止した賢明な政策であったと、いまだに賞賛されている。

＊

第二次大戦以降の長い戦後の時期を比較的平和な時期であると称することは、不誠実なことである。なぜなら、それは、実際に起きた、そして今も起きている大量の死と苦悩から目を逸らせると同時に、一九四五年以降の軍事化と破壊行為を低下させるのではなく、逆に促進させたことに対するアメリカ合衆国の責任の重さを不鮮明にしてしまうからである。大量破壊手段の増強を止むことなくアメリカが先導してきたこと、そしてその技術に対するアメリカの強迫観念がどれほど挑発的な世界的影響をもたらしたかが、全体的に無視されている。アメリカ型の「戦争活動」(国防総省が頻繁に使う表現)は、常に空軍力とその他の冷酷な手段に依存してきたという、その連続性が過小評価されている。さらには、人民抑圧的な外国政府へのアメリカの支援と、様々な目に見える形や秘密裏での外国への介入も、これまた十分には認識されていない。そのうえ、戦後のアメリカのもっと微妙で狡猾な形での軍事化、つまり巨大で押し付けがましい国家安全保障国家を常に拡大し続けるために資金を注ぎ込み、そのことで市民社会に対して暴力がもたらされたことについては、第二次世界大戦以降の数字上の暴力減少にのみ注目する議論ではほとんど言及されないのである。

それだけではなく、戦争、紛争、破壊を数量化するということは、方法論的にはひじょうに困難な問題である。暴力減少論を支えるために使われているデータは緻密で、説得力があり、信頼のおける様々な情報に基づいていることは確かだ。しかしそれでも、死と暴力を確実に数量化するのは常にほとんど不可能であることを、我々は心にとめておく必要がある。例えば、情報源が「戦争関連間接死亡者」といった、数に関するかなり正確と思われる推定数を提供している場合でも、通常、その調査を行った人間の評価基準と想像力がどこまで十分であったかを問題にしなければならない。

一例をあげれば、無数の調査が行われた第二次世界大戦がある。この世界規模の紛争における「戦争関連」死亡者の推定総数は、大まかに見て、五〇〇〇万人から八〇〇〇万人まで様々である(よく知られているウィキペディアのいろいろな戦争関連記事を見てみれば、死亡者推定数の最低数と最高数の間の大きな差が、どこにも頻繁に記されていることに気がつくはずである)。こうした差が出る理由の一つは、武力紛争の混乱状態の真只中で、どうやって全ての犠牲者の数を記録することができるかという問題である。さらに難しい問題は、いったい誰が、死亡者数をどのようにして数えるのか、ということである。軍服を着た兵の死亡者、とりわけ勝利した側の兵の死亡者数を数えるのは比較的容易である。戦闘で死亡した自軍の兵士数を注意深く記録することは、軍官僚たちに頼ることができるが、しかし彼らは、もちろん自分たちが殺した敵兵士の数を記録したりはしない。市民の戦争関連死亡者数を推定するのはひじょうに難しい。しかし、市民の死亡者数は、第二次世界大戦がまさにそうであったように、通常、戦闘員の死亡者数よりはるかに多い。

情報源が、戦闘関連のいわゆる付随的損害による死亡者数だけではなく、戦争によって引き起こされた飢餓や病気による死亡者も含んでいるのかどうか。紛争終了後、長くたってから亡くなった（例えば広島・長崎の放射能汚染やベトナムでアメリカ軍が使った枯れ葉剤による）死亡者の数を考慮に入れているのかどうか。内戦や部族間、民族間、宗教対立での戦争でもたらされる死亡者数を確実に算定することが難しいのは明白である。同じことが、政府の政策によって、意図的であろうとなかろうと、数百万人が大量に死亡することや、独裁政権が数十万人という人間を選んで政治的な目的で殺害する、政治的殺戮での死亡者数の推定についても言える。二〇世紀におけるこの種の残虐行為のかなりのケースが、共産主義政権が行ったものである。しかし、市民に対して同じような殺戮行為を行ったラテンアメリカ、アフリカ、アジア、そして中東の冷酷な独裁政権を支援したアメリカの行為も広範囲に及んでおり、それらの行為は卑劣で、（アメリカが誇る自国の基準に照らし合わせても）相当の部分が犯罪行為である。

死亡者数にのみ焦点を当てて暴力が減少したと主張することは、もっと広い意味での人道的大惨事からも目を逸らしてしまうことになる。例えば、二〇一五年半ば、国連難民高等弁務官事務所の報告書は、「世界中で、迫害、紛争、拡大する暴力、あるいは人権侵害によって強制追放された」人々の数は六〇〇〇万人を超えており、第二次世界大戦中とその直後以来、最高レベルに達したと報じた。概括的には、これらの男女の成人と子どもたちの三分の二が自国内で強制退去させられた人たちである。その他の人たちは難民であり、その半分以上が子どもである。

こうした事実から、世界中の暴力と緊密に関連している動向、すなわち実際には暴力が減少傾向にはないことが分かるのである。一九九六年の国連の推定では、地球上には強制追放の犠牲者は三七三〇万人いた。二〇年後の二〇一五年末の段階では、六五三〇万人に増えている。これは冷戦後の二〇年間、すなわち、暴力減少主張派が「新しい平和期」と呼ぶ時期に七五パーセント増加したことを意味している。上記の国連難民高等弁務官事務所報告書は、二〇一五年末の状況を説明するにあたって、「世界中で強制追放状態におかれている人々の数は、今日、イギリスの総人口よりも多い(5)」と記している。

追放された人々と違って、はっきりした形では見えない災難にみまわれている市民も多い。紛争に関連して行われる厳しい経済制裁は、しばしば衛生・健康維持体制を損なわせ、幼児死亡率を急激に高めることにもつながるが、通常、経済制裁は軍事暴力事項のリストの中には含まれていない。第一次湾岸戦争と連動して一三年にわたって一九九〇年から始められた、アメリカ主導の対イラクの国連経済制裁はその最も典型的な例である。二〇〇三年七月号の『ニューヨーク・タイムズ・マガジン』は経済制裁の支持者と反対者の両方の意見を掲載したが、「通常ならば生き続けるはずの、少なくとも数十万という数の子どもたちが、五歳の誕生日を待たずに亡くなっている」[6] 事実については、両者とも認めている。しかも、全面戦争が終わった後で、身体障害者になった者、孤児や未亡人になった者、あるいは第二次世界大戦終結直後に日本人が「孤老」と呼んだ人たち、子どもを失って喪失感に苛まれる親たちの数を、いったい誰がどうやって数えるというのだろうか。

さらに、戦闘員と非戦闘員のどちらもが経験する心理的あるいは社会的暴力の実態については、数字や統計表はわずかにほのめかす程度のことしかできない。例えば、戦争で打撃を受けた地域では、(通常は一〇人に一人のところ)六人に一人が精神障害を患うと言われている。[7] アメリカ軍兵員に関してだけ言うなら、心的外傷に真剣な注意がはらわれるようになったのは、アメリカ軍がベトナムから撤退してから七年後の一九八〇年からであり、そのとき初めて心的外傷後ストレス障害(PTSD)がメンタルヘルスの問題として公式に認められた。二〇〇一年一〇月から〇七年一〇月までの間にアフガニスタンとイラクに派遣された、一六四万人のアメリカ軍兵を対象とする大規模な調査が二〇〇八年に行われたが、その結果、「約三〇万人が現在PTSDか重度のうつ病を患っており、三二万人が派遣中に心的外傷性脳障害(TBI)と思われる症状を経験した」という推計が出された。両地での戦争はその後も続いたので、推計数は当然ながらもっと増加した。[8] こうした憂うるべきデータと、兵員の家族や共同体に及ぶ影響、さらには暴力によって精神的に苦しむ世界中の多くの人々、こうした状況は統計数字には全く表れない。

＊

数字ではほとんど表せないものには、全く異なった定義での暴力もあることを考慮しなければならない。それは、戦争、紛争、軍事化、死に対するあからさまな恐怖が、市民社会ならびに民主主義の実践に及ぼす打撃である。これはどこにでも当てはまることであるが、とりわけ二〇〇一年九月一一日のアルカイダによる世界貿易センターと国防総省ビルへの攻撃に対する反撃として、政府が「テロとの世界戦争」を打ち出したアメリカ合衆国で際立っている現象である。

二一世紀になってテロ事件で失われた生命の数については、暴力減少派の主張を裏付けるような統計数字の使い方がなされているが、そのようなやり方はきわめて邪悪と言える。広く使われている『世界テロリズム目録』によると、二〇〇〇年から二〇一四年の間に、「六万一〇〇〇件以上のテロ事件で一四万人以上の命が奪われたと記録されている」。9・11事件を含め西側諸国で起きたのは、この事件数のうち五パーセント以下、死亡者数にしてわずか三パーセントであるという。世界中の様々な言語のメディア報告の集計を基礎にした詳細な別の記録によると、二〇〇〇年から二〇一五年の間に、四〇カ国で四七八七件の自爆テロがあり、四万七二七四人が亡くなっている[9]。

これらの残虐行為がきわめておぞましいものであり、深い不安をよびおこすものであることには疑問の余地がない。残忍ではあるが、しかし、統計数字そのものは、以前の武力紛争による被害者数と対比させれば比較的少ないと、暴力減少派は言うのである。私のような第二次世界大戦の研究者にとっては、「一四万人の生命」という推定数はぞっとするような感情を呼び起こすものである。なぜならその数字は、一発のテロ爆弾、すなわちアメリカが広島に落とした一発の原爆で殺害されたと通常推定されている人たちの数とほぼ同じだからである。しかし、テロ被害者の数字は、他の原因による死亡者数と比較しても少ないと暴力減少主張派は言う。世界中で毎年、四〇万人以上の人たちが殺人の犠牲者となっているが、アメリカでは、落下してくる物体あるいは落雷が原因で死亡する人数は、少なくとも、イスラム武装攻撃者による死亡者と同じくらい多いというのである[10]。

このような説明は次のような疑問を発生させる。二一世紀のテロ攻撃を含むあらゆる暴力事件の数が、それ以前に世界的脅威となった武力紛争に比べてそれほど少ないのであるなら、なぜアメリカ合衆国は、ますます軍事力を強化し、秘密裏の、無責任で押し付けがましい「国家安全保障国家」を躍起になって作ることで対応しようとしているのか。二〇一三年にアメリカ軍統合参謀本部長が警告したごとく、巨大武器を保有せず、戦闘に関する伝統的な法規には従わない非国家組織による寄せ集め的な暴力行為が世界をかつてないほどまでに危険にしているのは、本当なのか。

暴力が減少しているという主張を信じない者には、アメリカ合衆国が加速的に軍事力を強化している理由として、様々な他の要因が考えられるであろう。例えば、アメリカ人のＤＮＡに組み込まれているのかもしれない軍事化加速への偏執病がその一つであると。いや、実際、それへの偏執は人間という生き物のＤＮＡに組み込まれているのだと。あるいは、冷戦時代の反共ヒステリーが、９・11事件後にテロに対する病的恐怖感に細胞転移しただけなのかもしれないと(冷戦後の世界の多極的な騒乱状態に困惑する戦略専門家や「国防専門知識人」は、「二極状態」という名称で呼ばれていた比較的分かりやすい昔の世界を、しばしば懐古的とも言えるような調子で議論する)。権謀政治的な恐怖扇動といった要素もここでは考慮に入れなければならないが、これは主として、国家安全保障国家を支える保守、新保守(ネオコン)の民間人と軍指導者層、彼らに共鳴する日和見主義的な政治家、そしていつものことであるが戦争で一儲けしようと考える連中が、一緒になってすすめる動きである。文化評論家たちは彼らに批判を浴びせるが、同時にセンセーショナルな事件と大惨事には中毒症状的な反応を示すマスメディアと、さらに現在では、激増するデジタル化されたソーシャル・メディアをもその批判の対象とする。

これに加えて、「超大国」であるという心理的負担が指摘される必要がある。それは、地球上で「唯一の超大国」という一九九〇年代からの意識で、その「裏付け」は主として大量の最先端技術による軍事力保有であるという考えである。この考え方が冷戦期の「共産主義封じ込め」で役立ったのであり、今もアメリカの同盟諸国にも安心感を与えていると主張できるのであろう。しかしながら、実際の戦争では、望まなかったわけでは決してないが、勝利を確保することができなかった。幾つかの例外(グレナダ、パナマでの紛争、一九九一年の短期の湾岸戦争とバルカン半島での戦争)を除いて、第二次世界大戦以来、アメリカ軍は勝利を味わったことがない。朝鮮、ベトナム、そして最近の中東における戦争は失敗の典型的な例である。にもかかわらず、超大国意識という傲慢さは、そんな失敗からなんの影響も受けていない。究極的には、冷酷な軍事力が超大国の維持のために必要不可欠であるという考えは、今もそのままである。

アメリカの伝統的な戦争遂行方法は、「三つのD」――征服し(defeat)、破壊し(destroy)、挫折させる(devastate)――を強調する傾向があった。一九九六年以降、国防総省が宣言するアメリカ軍の任務は全ての局面(陸・海・空・宇宙ならびに情報)での「全面領域支配」であり、実際には、世界のあらゆる接近可能な場所での支配を意味している。二〇〇九年に立ち上げられた、アメリカの保有核兵器の三分の二の管理責任を持つ空軍グローバル攻撃司令部は、「グローバル攻撃は……いかなる目標に対しても、いかなる時にも」準備ができていると公言している。二〇一五年、国防総省は、巨大な基地からごく小規模の設備まで含めて四八五五カ所の物理的「場所」を維持しており、そのうち五八七カ所は四二の外国に分散していると発表した。しかし、非公式の別の情報によれば、国防総省が維持する海外の軍事基地・設備の数は八〇〇にのぼり、八〇カ国に分散されているという。アメリカの世界にまたがる圧倒的な存在感を示すもう一つの例としては、二〇一五年の一年の間にアメリカ軍のエリート特殊作戦部隊が展開されたのは約一五〇カ国に及び、アメリカ政府が武器と軍事訓練を提供した国の数はそれ以上の数にのぼっているという事実があげられる(11)。

アメリカの海外基地は、部分的には、第二次世界大戦と朝鮮戦争から長年にわたって継承されてきたことを反映しているものである。これらの海外基地の主なものは、ドイツ(一八一)、日本(一二二)、韓国(八三)に置かれており、冷戦が終焉して共産圏を封じ込めるという当初の任務が消滅した後もそのまま維持されている。世界いたるところでの特殊作戦部隊の展開(とCIAによる秘密工作活動)もまた冷戦期のものであるが、これまたソ連消滅後に増加している。しかしながら、世界の四分の三の国々にいたるまでアメリカの存在が拡大されたのは、主として二一世紀の対テロ戦争の結果であった。

現在、「スイレンの葉」という作戦名で呼ばれているこれらの活動の多くは、海外での小規模かつ一時的なもので、公表されていないものである。しかも、その多くがCIAの「暗黒作戦」と呼ばれる秘密活動と一体になっている。テロと戦う方法には、テロ活動が含まれているのである。そうしたテロ活動の一つとして、二〇〇二年以来、無人爆撃機ドローンによる攻撃目標の暗殺がますます行われるようになった。現在、このドローンによる殺害方法は主としてCIAとアメリカ軍の独占的な手段となっている(かなりまだ遅れてはいるが、イギリスとイスラエルがそれに続いている)[12]。

*

冷戦期の核戦略を特徴づけていた性格は、「テロの微妙な均衡」として今も残っている。消滅しないで形を変えただけなのである。一九八〇年代に狂気の頂点に達した米ソの核保有量は、現在、約三分の一にまで減少した。それは確かに褒められるべき功績ではあるが、二〇一六年一月の段階では、いまだに世界には一万五四〇〇発の核弾頭が残されており、そのうちの九三パーセントが米露の保有となっている。米露両国の保有核兵器のうち二〇〇〇発近くが、ミサイルに搭載されているか、あるいは作戦準備部隊の基地に配備されていて、いつでも使える状態にある[13]。

この核兵器削減は、しかしながら、周知のように、世界を何回も破壊するだけの破壊力を消滅させたわけではない。核兵器によるそのような破壊は、間接的あるいは直接的、どちらの形でも起こりうる。例えば、インドとパキスタンの間で比較的「限定的」な核相互攻撃が行われたとしても、気候が激変することが考えられる。つまり、世界的に大規模な飢餓と死亡をもたらす「核の冬」という現象である。米露以外に七カ国が核兵器を保有している(さらには、四〇カ国以上が「核兵器製造能力保有」国とみなされている)という事実は、「核の抑止力」が強まったことを意味してはいない。意図的にせよ、あるいは不測の事故の結果にせよ、核兵器が将来使用されることが危ぶまれるのである。それに、非国家組織がなんらかの方法で核兵器装置を入手し使用する危険性は高まっている[14]。

広島・長崎以後に核拡散を抑えること、あるいはソヴィエト連邦崩壊後にこの超強力な大量破壊兵器を完全に廃棄することに失敗した責任を、いまさら指摘してみてもなにも得るところはない。歴史の今の時点で注目すべきことは、被害妄想観念が現実的な戦略という形でアメリカの核政策を今もなお支配し続けており、他の核保有国もまた同じように、そのアメリカのあとに続いているということである。二〇一四年にオバマ政権が発表した政策で明らかになったように、核暴力の危険性は「現代化」されることになった。具体的には、それは三〇年にわたる計画で、アメリカ合衆国はそのために一兆ドルを使うことを意味している(この予算には通常、見積額を超える将来の超過費用推定額は含まれていない)。この「現代化」計画には、新型の「スマート」核爆弾や小型核兵器を完成させることや、既存の三元戦略核戦力、すなわち、核弾頭を搭載する長距離飛行爆撃機、潜水艦発射ミサイル、地上設置の大陸間弾道ミサイル、この三つを大幅に新型化することが含まれている(15)。

もちろん、核兵器の現代化は、アメリカの軍事力の全領域のごく一部分に過ぎない。アメリカの軍事力はあまりにも強大で、そのことに鼓舞されてバラク・オバマ大統領は二〇一六年一月の一般教書演説で、「アメリカ合衆国は地球上で最強の国家である」と宣言し、続いて、「これが全て。これが全て、全てなのだ。(他のどの国の軍事力も)互角にはない。互角にはないし、とうてい互角までもいかない。我々は軍事費に、世界の二位以下の八カ国の軍事費を全部合わせた額よりも多い額を充てている」と述べた(16)。

アメリカ政府の公式発表の軍事予算と将来の見積予算によって、アメリカの軍事機構がいかに巨大であるかが分かるが、しかしここでも、数字は誤解を招きやすい。二〇一六年初めに発表された二〇一七会計年度の防衛「基本予算」はほぼ六〇〇〇億ドルであるが、これは実際に使われる額よりはるかに少ない数字となっている。この数字には含まれていない他の軍事・防衛関連の裁量出費項目を考慮に入れなければならない。核兵器の維持管理と現代化の上に、拡大中東圏での軍事活動のように、いわゆる海外緊急事態のための「戦争予算」、CIAや国家安全保障局などによる諜報活動のための「秘密予算」、ハイテク利用の秘密軍事活動のための費用、(身体障害者を含む)退役軍人用予算、他国に対する軍事支援費、国家負債の中の軍事関連負債にかかる巨額の利子支払い、等々。これらを全て含めると、年間の実際の軍事費は一兆ドルに近いのである。[17]

この気がとおくなるような額の数字を理解するのは容易ではない。しかし、これをもっと身近に感じるためには、統計学に精通している必要はない。簡単な計算をしてみればよいのである。三〇年間の核兵器現代化のための予算は、日割りにすれば九〇〇〇万ドルを越える額となる。時間割にすれば一時間ほぼ四〇〇万ドルである。「地球上で最強の国家」という地位を保持するために必要な年間一兆ドルのお金は、一日では二七億四〇〇〇ドル、一時間当たり一億一四〇〇万ドルとなる。

世界がこれまで見たこともない巨大な暴力行使の能力を維持し、造り続けていくことにはお金がかかるが、しかしそれだけ見返りのあることだというわけである。

＊

一九四一年二月一七日、すなわち、日本による真珠湾攻撃のほぼ一〇カ月前、雑誌『ライフ』が、ヘンリー・ルースの「アメリカの世紀」と題された長文の評論を掲載した。この論考は、当時のアメリカがヨーロッパでの戦争に対応するにあたって、一方ではイギリスを支援しながら他方ではドイツとも国交を維持しているという、アメリカの「中途半端さ」を批判する形で書かれた。ルースは一八九八年に、長老派教会宣教師を両親に中国で生まれ、一五歳まで中国で育った。そのルースは宗教的な教条主義を、国際主義という名称で装った愛国主義的な使命感に変形させたのであった[18]。

自国が戦争に加わることに反対したアメリカの国家孤立主義者たちの主張には、多くの正当性があるとルースは認めていた。その主張の中には、参戦により、当時すでにアメリカ合衆国内で見られた「集産主義への強い傾向」がさらに加速され、「アメリカの立憲民主主義とは全く似ても似つかない全体国家社会主義に行き着いてしまう」という不安が含まれていた。こうした不安にもかかわらず、孤立主義は倫理的にも政治的にも破綻しており、しかもそれは「民主主義的理想主義」と「法の下での自由」という、世界に向けての指標としてのアメリカの使命をそこなう「害毒」であると彼は考えていた。アメリカ合衆国が全世界の治安を維持することができるとも、全人類に民主主義制度を採用させることができるとも、ルースは考えてはいなかった。にもかかわらず、「二〇世紀の世界が、健全で活力に満ちた崇高なものとして現れるのであれば、それはかなりの程度でアメリカの世紀でなければならない」と彼は主張した。全てのアメリカ人に、「世界で最も強力で重要な国家の国民としての義務と幸運を心から受け入れ、その当然の帰結として、世界に我々の影響力を十分に及ぼし、そのような目標達成には我々が適任者であり、目標を達成する手段も我々は保持していると認めるよう」にと、ルースはこの論考で迫ったのである。

日本の真珠湾攻撃がアメリカを全面的に国際舞台へとのぼらせたが、ルースはこれを、世界を支配することを運命づけられたアメリカが歩むべき道と捉え、彼が熱心に持論を展開した評論の、印象強いその題名「アメリカの世紀」は、冷戦期と冷戦後のアメリカ愛国主義を象徴する代表的な表現となった。彼の訴えの中心にあったものは、アメリカ国民には徳の高い使命が神から与えられているということであった。ルースの評論では、第二次大戦中と冷戦期にプロパガンダとして使われるようになった見せかけの理想の言葉のほとんど全てが使われていた。すなわち、「自由」、「民主主義」、「機会均等」、「自主」と「独立」、「協力」、「正義」、「慈善」などであるが、これらの言葉は全て、「我らのすばらしい工業生産物と技術力」によってもたらされた経済的豊かさという理想像と一緒になっていた。現在の愛国的な決まり文句では、特別な優秀性を意味する「アメリカの例外主義」という言葉で表現できる。

アメリカの明白な運命の、もう一つ、もっと露骨な側面は言うまでもなく、「男らしさ」である。つまり軍事力がそれである。世界で最も進歩した破壊的な戦争兵器を開発し使用することで、絶対的で永続的な優位性を保つこと。ルースはこの評論の中で、「国際主義」については詳しく議論しなかった。ところが、一旦世界戦争が開始されてアメリカが勝利するや、彼は熱心な国際主義の主唱者となり、新しい共産主義支配から中国を「解放」すること、ベトナムで困難な状況におかれているフランス植民地軍をアメリカが引き継ぐこと、朝鮮とベトナムの紛争を「限定戦争」から中国に対する内と外の両方からの高潔な大規模戦争へと拡大し、鉄のカーテンを「戦略核兵器」で引き上げることを唱えた。ある時点でルースは、「ロシアを五〇〇(または一〇〇〇)発の原爆で猛攻撃する」可能性についてさえ熟考したことがあった。そんなことが本当に行われれば恐ろしい結果をもたらすことは間違いなかったが、一九六七年にルースが亡くなる前の一九五〇年代、六〇年代には、アメリカの核兵器専門家たちは実際に、こうした巨大で空恐ろしい詳細な計画を練っていたのである[19]。

「アメリカの世紀」というキャッチフレーズは、言うまでもなく誇張である。この表現は常に批判と中傷の的となってきたし、とりわけアメリカの対テロ戦争が大失敗に終わってからは、ますますその傾向が高まった[20]。こうした激しい批判を行う者の側から見れば、このスローガンは神話、空想であり、錯覚以外のなにものでもなかった。さらに、このキャッチフレーズは、アメリカ国内に顕著に見られる人種的、階級的、性的、特権的不平等を包み隠した。伝統的な意味での軍事的勝利は、第二次世界大戦後においては概して幻想であった。いわゆる「パックス・アメリカーナ」は、実際には紛争と抑圧で満ちており、アメリカの価値という原則をはなはだしく裏切るものであった。同時に、戦後のアメリカの覇権は明らかに、世界の一部分だけのものであり、それを超えるものでは決してなかった。世界各地で起きた無秩序と大混乱の多くは、アメリカが統制できるようなものではなかったのである。

にもかかわらず、ルースのキャッチフレーズが使われ続けたのには、理由がないわけではない。二一世紀の世界は、様々な原因から暴力が起きる混沌とした状態にあるが、アメリカ合衆国が地球上で「唯一の超大国」であり続けていることは間違いない。アメリカの例外主義という神話は、大部分のアメリカ人をいまだ捉えて離さない。しかし、アメリカの覇権はすり切れた状態にあるにもかかわらず、政治家だけではなく支配階級も、強力な覇権が当然自分たちにあるといまだに思い込んでいる。そして、国防総省の指導者層は、世界の全面的支配が自分たちの任務であると断固として信じている。核兵器廃絶を目指すどころか、核兵器の現代化に専念しているアメリカ政府の方針は全く変わらない。

それのみならず、大量破壊のための「スマート兵器」やその他の通常精密兵器のさらなる開発と配備で世界の先頭をきることに、アメリカは狂信的と言えるほど熱心になっている。

オバマ大統領が一般教書演説で述べたように、〔どこの国もアメリカの軍事力には〕とうてい互角までもいかないのである。しかし、仮想敵国にとっては、この言葉は、もちろん挑発でしかありえない。

第2章　第二次世界大戦の遺物

Legacies of World War II

第二次世界大戦が一九四五年八月に終わったということについては誰も異論がないが、しかし、この大戦はいつから始まったのであろうか。アメリカは、一九四一年一二月の日本による真珠湾攻撃に焦点を当てる。ヨーロッパでは、当然ながら、一九三九年九月のナチス・ドイツによるポーランド侵攻を開始点とみなす。しかし、アジアを含むもっと広い視点から見るならば、大日本帝国が中国に侵略を始めた一九三七年七月が、世界的規模での国民国家間の衝突が始まった時期だと言えるであろう。

歴史家が大戦開始期をどこに設定しようとも、冷戦期ならびに現代の戦争と紛争を理解し分析する上で、第二次世界大戦が出発点であるということには、なんら疑問の余地がない。この大戦は世界を巻き込み、工業化した「総力戦」、すなわち第一次世界大戦にまでその軌跡を辿ることのできる戦争概念の頂点となった。総力戦では、国家が、自国社会の物心両面にわたるあらゆる手段を戦時体制の下において活用する。同時に、市民ならびにその他の非戦闘員を含む敵国社会の全てのものが正当な攻撃目標となる。

第二次大戦の遺物は、その戦争自体がとてつもなく大規模であったように、総体的に見ても多様性の面でもはかり知れないほど大きい。そのうちで最も著しいものは、アメリカを除くほとんどあらゆる地域でみられた、死と破壊、苦悩、欠乏、社会的混乱の継続であった。アメリカ合衆国は悲惨な戦闘を経験はしたが、将兵の死亡者数は他国と比較すれば少ない方であった。アメリカ退役軍事管理局の公式計算によると、総死亡者数は四〇万五三九九人であったが、そのうち戦場での死亡者は二九万一五五七人であり、その他は戦場以外での軍務中の死亡であった。(1) アメリカはまた、敵軍による自国への侵略や爆撃も免れたし、軍需生産によって経済が刺激され活気づけられた。しかしその他の地域——ヨーロッパ、アジア、ソ連——の諸都市には荒廃がもたらされた。数百万を超える数え切れないほどの人間が死亡し、同じように無数の人たちが住居を失い、新天地を求めて移動した。飢餓と病気が蔓延し、失業者があふれ、経済復興は絶望的な夢という状況であった。犯罪と汚職もはびこり、ドイツや日本のような敗戦国の政治家たちは、新しい公的職務を求めて動き回った。

戦争がもたらしたもう一つの大きな遺物は、かつての民主主義的な戦勝国が植民地を失ったこと、しかも、大抵いやいやながら、そして暴力と流血事件を頻繁に伴いながら、失ったことである。大日本帝国は(一九三七年に)中国を、さらに(一九四一年の真珠湾攻撃と同時に)東南アジアを侵略し、それを正当化するために、白人の影響と支配から解放された誇り高い新しい汎アジア主義を創出するという高貴な主張を展開した。実際には日本人は圧制的で往々にして残虐な征服者であったが、アジアにおける植民地支配を打ち破ったことで、植民地主義終焉に向けての一歩をもたらしたことは事実である。

その影響を最も強く受けたのはイギリスである。第二次世界大戦は、「太陽の沈まぬ」帝国と称された大英帝国の支配の終わりを示すものであった。その傷跡をさらに痛めつけるかのように、今度はアメリカ合衆国が世界の指導権を握る座を占めることとなった。

アジアにおける西欧植民地支配の戦後の崩壊は、混乱としばしば暴力を伴う形で展開された。フィリピンは、アメリカが一九一六年に約束して一九三五年にそのための暫定的な処置をとった独立を、一九四六年に獲得した。その翌年、インドが、ほぼ一世紀にわたるイギリス支配からの独立を獲得したが、それに続いてヒンズー教徒とイスラム教徒の宗派間の大規模な流血騒ぎがパキスタンという分離国家を産み出した。戦時中に短期間日本が宗主国の代わりを務めた「オランダ領東インド」(インドネシア)では、一九四九年末まで、オランダが強制的に支配権を行使しようと試みた。かなりの人数の中華系住民がマレー系住民と共住するマラヤ(マレーシア)では、戦争が終わるや否やイギリス人が戻ってきて、主に中華系住民で構成された共産主義ゲリラに対する凶暴な対反乱活動を指導した。この「マラヤ緊急事態」は一九四八年から一九六〇年まで続き、マレーシアは一九五七年まで英連邦諸国の一国としての独立を獲得できなかった。フランスは、フランス領インドシナ(ベトナム、カンボジア、ラオス)に再び進出し、一九五四年まで、地元住民による愛国主義的抵抗運動を押さえつけるために軍隊を駐留させた。その年、ここにはフランスに代わってアメリカ合衆国が介入し、後にベトナム戦争として知られる大失敗につながる元凶を作り上げた。

第二次大戦は、三つの占領支配下国家(一九四五年から四八年までの朝鮮、一九四五年から四九年までのドイツ、一九四五年から五二年までの日本)、紛争の危機を孕んだ複数の分断国家(朝鮮、ドイツ、中国、ベトナム)、そして根本的には分断された世界という遺産をもたらした。広く使われている言葉である「冷戦」という状態は一九四七年から始まっており、この言葉は、米ソ超大国間の拮抗――それは第二次世界大戦が産み落としたものではあるが、公然とした戦争を引き起こすまでにはならなかった――を強調するという意味では有効である。(2) 同時に、「冷戦」という表現は、世界がアメリカ主導の資本主義圏とソ連主導の共産主義圏に二分化されているというイメージも作り出した。NATOとワルシャワ条約機構という軍事同盟が明示しているように、このイメージも全く不合理なものとも言えないのである。しかしながら、「冷戦」というこの限定的な見方と用語は、最初から、そして確かに回顧的観点からしても、「冷」とは全く逆の意味の多様な武力衝突があったということ、またそうした武力衝突には、しばしば冷戦とは関連していない独自の、その地域固有のものがあったことを認識するのを阻んでしまう。

第二次世界大戦がもたらした、より積極的な傾向としては、再びそのような大戦争が起きることを防止するような世界的規模の制度を、主要な戦勝諸国の先導のもとに作り上げようという協調的努力を産み出したことである。こうした方向への初期の第一歩としては、一九四四年七月にニューハンプシャーで開催された国際会議に端を発するブレトン・ウッズ体制が挙げられる。この会議の目的は、戦後の諸国間の安定した金融関係の基礎を準備することにあり、その影響は長く続いた。国際通貨基金ならびに国際復興開発銀行(現在のワシントンに本部を置く世界銀行グループに拡大した金融組織)は、このブレトン・ウッズ体制から発生したものである。

この種の戦後遺産で最も理想主義的なものは、第一次世界大戦がきっかけとなって設立され、効力を失っていた国際連盟に替わるものとして、一九四五年六月に創設された国際連合であった。国連本部は、国際連盟の本部がジュネーブに置かれていたのに対して、ニューヨークに置かれた。国連がその初期に成し遂げた最も理想主義的な仕事は、一九四八年一二月に採択した世界人権宣言である。

戦争終結はまた、憎悪感に満ちた懲罰と理想主義的な正義感が独特に混合した、革新的な戦争犯罪裁判の開廷をもたらした。ドイツの戦争指導者を裁く四カ国によるニュールンベルグ裁判（一九四五年一一月から四六年一〇月まで）は、一一カ国による極東軍事国際裁判、すなわち東京裁判としてよく知られている戦犯裁判（一九四六年六月から四八年一二月まで）の先駆けとなった。関連法の革新にはめざましいものがあった。国家行為に対する戦争指導者個人の責任が、初めて問われた。さらに革新的であったのは、通常の戦争犯罪に、新しく三つの犯罪カテゴリーが遡及適用犯罪として裁判に導入されたことであった。それらは、侵略戦争を行ったことに関する共同謀議罪、平和に対する罪、そして（ナチの殺人目的の強制収容所のような）人道に対する罪の三つであった。

これらの犯罪審理は、こうした新しい犯罪カテゴリーを国際法に導入することで、将来の犯罪行為を防止するうえでの前例を作り出したいという理想主義的な希望を見事に反映している一方で、二重基準の適用と勝者の裁きという側面も持っていた。例えば、東京裁判のオランダの判事、B・V・A・レーリンクは後年、これらの犯罪審理が「不公平」であり「由々しい誤り」であったことを認めているが、しかし、裁判自体が「人類が緊急に必要としていた法律の発展」に貢献したこと、すなわち「戦争を禁止し、戦争を犯罪行為とみなす」うえで決定的な前進をもたらしたことについては、間違いないという信念を持ち続けた。(3) もちろん、そうした高い理想が実現されることは全くなかったが。

戦後初期に裁判に関わった戦勝国のどの国も、敗戦国を裁くために自分たちが新しく設定し適用した法律が、自分たちにも適用されうるなどとは考えもしなかったのは、裁判の過程で明らかになったことである。

戦争の遺産には、もっと拡散的なものもある。そのような遺産の一つは、集合的記憶と呼ばれるもの、つまり具体的に言えば、国家的で愛国主義的な戦争の記憶であり、こうした記憶は今の政治にも影響を及ぼし、政治を歪めることを止めないような記憶である。これらは、神話創作、記憶操作、偏狭で愛国的な自己認識の製造あるいは「創作」といった、秘儀的な領域の問題である。

もっと具体的な形での遺物は、戦争の性質そのものを変えてしまった新しい破壊技術の導入である。その最もよく知られている例は、一九四五年八月に広島と長崎にアメリカが投下した原子爆弾であるが、総力戦が体制化されることによって、軍事技術と軍事作戦の性質が決定的に変質したことを象徴的に示しているのがこの核兵器の開発である。

原爆は、例えば高速戦闘機、急降下爆撃機、強力な爆弾と焼夷弾を搭載する中型ならびに大型爆撃機などを含む、空軍力の画期的な変革の頂点に位置した。こうした空軍力にレーダー、無線交信技術、爆撃照準器などにおける技術革命、さらには戦艦に対する航空母艦の優位性などが加わった。その上に、ある軍事史家が「総力戦における最高の手段」と称した、戦略爆撃政策が加わった。第二次世界大戦で空爆を戦略として採用したのはアメリカ合衆国とイギリスだけであったが*、最初は一九四二年にドイツに対して行われ、一九四五年にアメリカ軍が広島・長崎の前に日本の六四都市を崩壊させた空襲で頂点に達した(4)。

技術、技術専門主義、倫理観欠如の三つが、こうした空軍作戦の遂行の中で密接に関連しながら発展していった。アメリカ合衆国が日本本土に対して絨毯爆撃を開始する頃には、「工業戦争」と心理戦争が強力に合致して、人口が密集した都市中心部を計画的に攻撃目標とすることで、敵国の士気を崩壊させることが通常の作戦行動となっていた[5]。第二次世界大戦から受け継いだこの最も残虐な軍事行動を、のちに、アメリカ空軍は朝鮮とインドシナの住民に対して行うことになった。

戦争終結直前には、ナパーム弾が戦時期の発明リストに加えられた。さらには、広く使われるには遅すぎたが、ジェット機が発明され、ドイツが最後の死闘の中で、戦後のミサイルの原型となるV－1、V－2ロケットを製作した。戦車や長距離火砲といった他の武器の分野でも目覚しい発展があっただけでなく、医学技術でもペニシリンの実用化などの発展がみられた。最初期の電子コンピューターも、情報収集、暗号解読などの操作との関連で、アメリカとイギリスで開発された。これと共に、情報理論と自動化の分野でも極めて重要な発展がみられた。

こうした技術発展と並んで、第二次世界大戦は、軍事機関、政府機関、大学、民間企業を統合連携させることで、組織運営面での革新をもたらし、戦後の組織計画立案者に一つの模範を提供した。その具体例の一つは「作戦研究」と呼ばれるもので、戦争で使われる新しい兵器をどこで、いつ、どのように使用すべきか、という計画を立てるために、統計学者と数学者が動員された。この種の政府・民間合同事業のさらに画期的な例は、原爆開発を行ったマンハッタン計画である。

第二次世界大戦が米ソの冷戦へと道を譲ったとき、アメリカで流行ったのは、その危険性に警鐘を鳴らす、強力な「軍産複合体制」という新しい造語であった(この言葉は通常、一九六一年にドワイト・

D・アイゼンハワー大統領が任期終了にあたって行った演説で使ったのが最初とされている)。実際には、この複合体制は単に軍と産業界だけではなく、様々な分野を含むものであったが、しかし軍産の親密な関係自体は、戦後に発展した特殊なものではなかった。それは、総力戦のために活用されたものが継承されたケースのもう一つの例であった(6)。

戦争のためにどの主要国家も、物的ならびに人的資源を組織的に活用した。しかし、アメリカ合衆国ほどそれを効率的に行った国はなかった。しかも、アメリカだけが、戦場での死傷者は別として、その軍事力の故だけではなく地理的安全性にも恵まれて、世界的規模で行われた武力紛争から国内が無傷でいられた国であった。この点が、いくら強調しても強調しすぎることのない特別に重要な遺産であった。第二次世界大戦は、一九二九年に始まった世界恐慌からアメリカ合衆国を脱け出させただけではない。アメリカを世界で最も繁栄した国家で、最も発展した軍事国家にしたのである。その国家の態度は勝利に満ち、自信にあふれ、その独善性においても群を抜いていた。

＊訳者注：「空爆の戦略的なシステム化」と空爆の「破壊性、殺傷性」から見れば、第二次世界大戦の米英軍の空爆は、大戦初期にポーランドやイギリスに空爆攻撃を行ったドイツ軍や、中国諸都市に空爆を行った日本軍よりは、はるかにその度合いが強度であった。しかしながら、諸国市民に対してテロ攻撃を行うことで敵国の士気を打ち砕こうという「無差別空爆の目的で」という意味では、ドイツや日本の空爆も「戦略爆撃」であったことは明らかである。

第3章　冷戦期における核の恐怖

Cold War Nuclear Terror

第二次世界大戦の勝利感や正義感には、戦後まもなく、それとは裏腹に、深くて永続的な恐怖感という、暗鬱で矛盾に満ちた側面があることが露わになってきた。この側面は病的に異常なものであり、容易に消滅するようなものではなかった。戦後のアメリカの強大な力は、今もそうであるが、根本的には双極的なものである。すなわち、一方で、物質的にはあらゆる面で自信過剰で圧倒的に強大でありながら、他方では、怯えと不安に苛まれている。(1)

この状態は、まさに軍事計画者たちが考えたように、不利な条件というよりはむしろ利用すべき矛盾であったのだ。不気味な存在である敵に対する恐怖は、大規模な軍事機構を保持すべきだという考えに政治的支援を確保する呼び水となった。高レベルのこの種の不安は、政治家と大衆を味方につけておく支配装置の役割を果たした。かくして、脅威の危険性が誇張されることとなった。例えば、一九六〇年の大統領選挙では、ジョン・F・ケネディがソ連との「ミサイル数の差」を虚偽的に主張したし、一九八〇年代にはレーガン政権が、崩壊しつつあるソ連に関して同じような主張をした。あるいは、少なくとも考えられる最悪の事態に対処できるような準備をしておくことが必要だと言ったのである。彼らの政治的な成功が、こうした主張にかかっていたわけである。同じように、官民両方にわたる様々な人間が「安全保障」を自分たちのために利用したし、もちろん「防衛」関連産業の利益もこれにかかっていた。

このように体制内に組み込まれた恐怖感情は、技術的変化によって、また資金をめぐる軍内部での、とりわけ空軍側の競争意識によっても高められた。同時に、高レベルでの心理的不安の創出は、核兵器によって脅威を与えるという方法にとって理想的であるとさえ、トップレベルの軍事計画者たちは提言した。例えば、ベトナム戦争期の一九六九年一〇月、リチャード・ニクソン政権下のホワイトハウスは、アメリカ合衆国がハノイを核攻撃するように見せかける「カモの釣針」作戦という、短期間の秘密作戦を仕組んだことがある。ニクソンの側近の一人であったH・R・ハルデマンは後年、ニクソン大統領が彼に以下のように述べたと紹介している。「私、ニクソンが使う軍事力の脅しだったら、なんだってやりかねないと彼らは信じるようになるだろう。……君、私はこれを「狂人の理論」と呼ぶんだ。戦争を終わらせるためなら、私がなんだってやりかねないという限界にまで来ているのだと、私は北ベトナムに信じ込ませたいんだ」。しかし、「狂人」理論が核攻撃計画者に影響を及ぼしたのは、これが初めてでも最後でもない。理性的と非理性的な軍事机上作戦の違いは、このように、見分けがつきにくいものなのである。(2)

傲慢と恐怖、好戦性と脅しの混在が強まった状況が、言うまでもなく、長く続いた冷戦であり、それは一九四五年から始まり、一九八九年のベルリンの壁崩壊と、その二年後のソ連体制の崩壊まで続いた。その数十年は、一九四九年のソ連の初の核兵器実験から始まった米ソ核開発競争の特徴からも明らかなように、緊張した、実際に危険度の高い時期であった。アメリカ合衆国では、この核兵器増強は、初期の段階から「大規模報復」という概念、すなわち、一九五三年一〇月にアイゼンハワー政権によって正式なものとなった作戦（国家安全保障会議作成書類NSC一六二／二）として正当化された。(3)「大規模報復」は、一九六〇年代からは「相互確証破壊（mutual assured destruction）」理論で説明され、その頭文字をとったMAD（狂気）という適切かつ不気味な略語が広く知られるようになった。これらの理論の根底にあったのは、核抑止力という考えであった。

要するに、「（大規模報復という）相互確証破壊」は、第二次世界大戦中の英米によるドイツと日本の諸都市への空爆戦術を、今度は、核兵器による攻撃目標を敵国の人口密集地域にするという仮定にまでレベルアップしたものであった。軍事施設あるいは工業設備を直接の攻撃目標とする場合でも、大量の数の市民が殺害される可能性があることは、核攻撃を抑止するという点からすれば極めて望ましいと考えられた。かくして、「相互確証破壊」のあからさまな目的は、敵が「最初の核攻撃」を行った場合には、報復として「二回目の核攻撃」を行って敵を圧倒的に破壊する能力を持つというものであった。しかし同時に、もしも敵の攻撃力が比較的劣勢であるならば、こちら側から先制攻撃をかけるという動機にもなるという考えであった。一九五九年に発表され、しばしば引用されたアメリカの有力な核戦術家アルバート・ホールステッターの論文の表現では、米ソの核対決の状況は「微妙な恐怖の均衡」にまで悪化していた。(4)

「微妙な」という表現は、抑制と礼儀正しさという印象を与えるが、大規模報復理論あるいはMAD理論は、実際にはひじょうに残酷なものであった。これがいかに残酷なものであったかという具体的な話は、核攻撃計画の初期の最高機密書類で、今は公開されている資料から明らかとなる。例えば、一九五六年六月に戦略空軍司令部(SAC)が作成した「一九五九年原子兵器の必要性に関する研究」という題名の戦争計画書は、核兵器爆撃機と当時使用可能であった限定的射程距離のミサイルに焦点を当てている。この研究によると、主として熱核爆弾(水爆)を重要軍事目標に対して使うことでソ連の空軍力を破壊することが必要であるとした上で、同時に、原爆で都市工業目標と「住民」目標を「計画的に破壊する」こともおそらく必要であろうとされていた。

全部で八〇〇ページほどもあるこのSAC計画書には、東ドイツから中国にまで至る、いわゆるソ連圏の一二〇〇以上の潜在的攻撃目標とされた都市がリストアップされていた。指定爆心地(DGZ)として選ばれた数は約三四〇〇で、その中にはモスクワの一八〇カ所、レニングラードの一四五カ所、東ベルリンとその郊外の九一カ所、北京の二三カ所が含まれていた。さらに、SACはこの機会に、六〇メガトン(TNT火薬にして六〇〇〇万トンの威力)の熱核爆弾一発を備蓄兵器とするように要求している。この一発の爆弾は、広島に落とした原爆の四〇〇〇発以上に当たる。(5)

一九五六年のアメリカの核弾頭保有数は、ソ連の六六〇発に対して三六二〇発であった。「メガトン数」にすると、アメリカはTNT火薬にして九一億八九〇〇万トンの爆発力を保有していたのに対し、ソ連の保有量は三億六〇〇〇万トンであった。その五年後の推定保有量は、アメリカの核弾頭数は二万二二二九発(一万九四八メガトン)、ソ連が三三二〇発(三四二〇メガトン)であり、圧倒的にアメリカ側が優位にたっていたが、それでもアメリカは恐怖感を拭い去ることが全くできなかった。[6] その同じ年の一九六一年、アメリカ合衆国とソヴィエト連邦の間で長年くすぶっていた西ベルリンの存在――東ドイツにあるにもかかわらず、一九四八年以来、アメリカ合衆国側に属しているという状態――をめぐる緊張感が最高潮に達し、米ソ両超大国が武力による威嚇を開始しかねない状況に至った。同年八月、この対決状況は、東ドイツ政府が東西ベルリンを分断する悪名高いベルリンの壁を建て始めるという結果をもたらした。

このベルリン危機に対し、アメリカの核戦争計画者たちは、前記一九五六年のＳＡＣの終末論的な研究結果を更新する形で対処した。一九六一年六月、アメリカの統合参謀本部が出した最高機密メモの内容によると、もしも警戒態勢の下に置かれているアメリカの核兵器だけが全て攻撃のために発射されるならば、全国に拡散しているソ連の都市のうちの一九九都市が攻撃目標となり、予想される死亡者数は（放射性降下物による死者も含めて）八〇〇〇万人ほどになるであろうというものであった。アメリカの核兵器が「全面的に」使われたならば、二九五のソ連の都市が攻撃され、死亡者数は一億一五〇〇万人にのぼるという推定であった（核戦争の結果引き起こされる気候変化で世界が「核の冬」と呼ばれる状態になる可能性に、科学者たちは一九八〇年代まで気がつかなかった）。

しかも、一九五六年の研究と同様に、この仮想攻撃はソ連国内にだけ限定されたものではなかった。この最高機密メモによると、ソ連のヨーロッパの「衛星国」六カ国に対するアメリカの警戒核攻撃で一四〇〇万人が死亡するであろうという予測で、核の全面攻撃では四〇〇〇万人を超える死亡者が出て、その半数以上はポーランドでの被害になるというものであった。さらに、中国は一九六四年まで核実験を行っていなかったが、一九六一年のこのメモでは、アメリカは「赤色中国」にまで攻撃目標を拡張していたことが明らかである。中国の場合は、アメリカの警戒核攻撃では四九都市が、全面攻撃では七八都市が攻撃目標になり、それぞれの推定死亡者数は六七〇〇万人と一億七〇〇〇万人とされていた。

ソ連によるアメリカに対する核報復攻撃では、「アメリカ側は、数百万人にのぼる死傷者を出し、即応できる戦争支援能力がほとんどなくなるという大打撃を受ける」というのが「共通の認識」だと、この最高機密メモは認めている。にもかかわらず、「アメリカは組織された独立国家として生き延びるであろうが、ソ連にはその可能性がない」とメモは記している(7)。

＊

活発になった、初期のこうした核戦争計画作成には、ヒステリー状態が明らかに見てとれるが、同時に、広島・長崎で二〇万人以上を虐殺した二つの原爆が、いかに短期間のうちに、素朴で小弱なものと見なされるようになったかが明らかになる(今や、ある核専門家たちの間では、広島・長崎に投下された原爆は「花火核兵器」と呼ばれている)。

広島攻撃に使われた原爆の爆発力は、一万五〇〇〇トン分のTNT火薬に相当するものであった。つまり、第二次世界大戦で使われた最大級の通常爆弾の、一五〇〇倍以上の破壊力があったことになる。日本の漁船乗組員が放射能汚染を受け、うち一人が直後に死亡したことで悪名高い、アメリカがビキニ環礁で一九五四年に行った熱核兵器(水爆)実験「キャッスル・ブラボー」は、TNT火薬にして一五〇〇万トン、すなわち広島型原爆の一〇〇〇倍以上の威力を持つものであった。

六〇メガトンの熱核兵器を保有したいというSACの願望は実現しなかったが、一九六一年一〇月、つまり、ベルリン危機の絶頂期に、ソ連は「ツアー・ボンバ」と称された、TNT火薬にして五〇メガトンという史上最大の水爆実験を実施した。これは、広島型原爆の三三〇〇発分に相当し、なんと第二次世界大戦で使われた全ての爆弾量の一五倍にも当たる爆発力である(8)。

一九四五年から一九九二年までの間にアメリカ合衆国が行った、地上と地下での核実験の総数は一〇五四回、生産した核弾頭は六五種類で総数七万発に及ぶ。これらはさらに、弾道ミサイルやクルーズ・ミサイルなど一一五の用途別の種類に分けられる。これに対してソ連側は、一九四九年に最初の核実験を実施してから七一五回の実験を重ね、七五種類に及ぶ核弾頭を五万五〇〇〇発ほど生産した(9)。

冷戦が終わった一九九一年までに、核弾頭の総数という点では、ソ連の保有数がアメリカのそれをはるかに上回るものとなっていた(アメリカの二万四〇〇〇発に対して、ソ連はおよそ三万四六〇〇発)。この保有総数の逆転は、ソ連が西側前線で予想される戦闘で使用可能な戦術核兵器の数を増加させたことが契機で、一九七〇年代半ばに始まった。これとは対照的に、アメリカ側の核戦争計画者たちは、共産圏全体に向けた戦略核兵器に焦点を当てていた。したがって、ベルリンの壁が崩壊した一九八九年の段階では、アメリカ合衆国が保有していた戦略核弾頭数は一万二七八〇発で、これに対し、ソ連の保有数は一万一五二九発であった。一九九一年には、その数はアメリカが九三〇〇発、ソ連が九二〇二発にまで減っている(10)。

アメリカ合衆国は一九六〇年代初期から、ソ連もそれに続いて、短距離、中距離、長距離の核兵器運搬システムを開発した。最終的には、戦略作戦の中心を成したのは三元戦略核戦力、すなわち、地上あるいは艦上から飛び立つ爆撃機に搭載されるもの、地上から発射される大陸間弾道ミサイル(ICBM)、潜水艦から発射されるミサイル(SLBM)の三種類である。一九七〇年代になると米ソ両超大国は、複数の核弾頭を搭載するミサイル(MIRV)を導入した。[11]

＊

アメリカの戦略ならびに戦術核兵器の大部分が、ソ連と中国の共産圏を「封じ込め」る重要な手段として、国外に配備された。一九七八年に国防総省が制作した最高機密研究で、一九九〇年代になって(大幅に削除されて)公開された資料では、アメリカ合衆国は、太平洋地域を含む海外の二七カ所に三八種類の核兵器を配備したことが示されている。その二七カ所のうち、一八カ所は独立国内であり、九カ所が旧アメリカ統治領または現在はアメリカの領有となっている地域内である。一九五五年からNATOで配備され始めた核兵器の数は、一九六〇年には三〇〇〇発、一九六五年には六〇〇〇発、そしてピーク時の一九七一年には七三〇〇発に達している。そのほぼ半数がドイツに配備されたが、それらは二一の異なった種類の核弾頭であった。

一九五四年から一九七二年までの間に、アメリカ軍は、第二次世界大戦終結時から事実上アメリカ軍占領下にあった沖縄に一九種類の核兵器を貯蔵していた。国務省の研究報告書から得られる「太平洋陸揚げ」表は、一九六三年から一九七〇年までの間に沖縄に持ち込まれた核兵器の数が一〇〇〇発以上(ピークは一九六七年の一二八七発)であることを示している。その大半が嘉手納基地に送り込まれている。日本の他の地域では、三沢や板付のアメリカ空軍基地(おそらくその他にも四カ所のアメリカ軍基地)に、核分裂物質を取り外した核爆弾が貯蔵されていたし、佐世保や横須賀の主要な海軍基地には核兵器を搭載した戦艦が停泊していた。一九五六年末の「極東司令部の原爆作戦」と題された機密報告書では、核兵器あるいは核兵器関連部品を貯蔵している場所、あるいは緊急事態や戦争が起きた場合に核兵器を受け取る場所として挙げられた地点が、日本全国で一三カ所リストアップされている。

その他の公開済みのアメリカ側資料によると、東京郊外の府中や横須賀の空軍基地、ならびに沖縄の嘉手納基地では、極東地域における核戦争の計画立案が行われていたことが明らかとなっている。日本が「平和憲法」を保持しており、核兵器が使われた唯一の国であるということから強い反核意識を国民が持っているにもかかわらず、一九六〇年代初期には自衛隊が、核兵器使用を想定したアメリカ軍との合同演習に参加しているのである。アメリカ合衆国は、一九七〇年代初期までにアジアからほとんどの核兵器を引き上げたが、日本の港に寄港する核搭載の戦艦は例外とされた。こうした核搭載戦艦の動きに関しては、日本政府はほとんどの場合、情報を持っていることを否定するか無視するかのどちらかの態度をとって、アメリカと共謀する不誠実な政策をとった。

一九五〇年代にはグアム、硫黄島、小笠原群島の父島、韓国、台湾、フィリピンにもアメリカは核兵器を配備した(父島や硫黄島といった小島は、一九六八年に日本に返還されるまでアメリカ軍占領下におかれていた)。アイゼンハワー政権が終わる一九六一年までに、太平洋全域に配備された核兵器の総数は一七〇〇発にのぼった。一九六三年にはその数は二三〇〇発になり、一九六七年のピーク時には三二〇〇発が地上配備されていた。大半は沖縄に配備され、その次に多かったのが韓国に配備されたものであった。沖縄が一九七二年に日本に返還された時に核兵器は引き上げられ、台湾の場合は一九七四年に、フィリピンからは一九七七年に引き上げられた。韓国には一九九一年まで配備され続けた。[12]

一九四六年から六二年まで、アメリカ合衆国は、マーシャル諸島と太平洋中央部のその他の地域を含むいわゆる太平洋核実験地域で一〇五回にわたる核実験を行った。ここで行われた実験回数はアメリカが実施した全ての核実験の一割にしか当たらなかったが、それらの実験の多くが高レベル放射能を拡散する水爆実験であり、爆発規模は特別に大規模なものであった。その結果、太平洋における核実験の核出力の合計は、他の場所でのアメリカ核実験の総核出力を大幅に上回っていた。[13]

＊

このままでは核爆発の威力がさらに強められるのではないかという不安と、放射性降下物に対して世界中で高まってきた懸念から、一九六三年には部分的核実験禁止条約（ＬＴＢＴ）が締結された。禁止条約の内容がその条約名からも一目で分かるように、正式名は「大気圏内・宇宙空間及び水中における核兵器実験を禁止する条約」である。締結に至るまでの交渉の経緯は長くて困難なものであった。交渉開始は、放射性降下物で日本の漁船員を汚染したビキニ環礁における水爆実験、「キャッスル・ブラボー」が行われた翌年の一九五五年にまでさかのぼる。そして最終的な同意にようやく達したのは、米ソ両超大国が核戦争勃発の手前までいった一九六二年のキューバ・ミサイル危機の後であった。部分的核実験禁止条約の署名は、アメリカ合衆国、ソヴィエト連邦、それに一九五二年に核保有国クラブに加わったイギリスの三カ国の代表が、モスクワで行った。一九六〇年と一九六一年に四回の核実験を行ったフランスは、それから三〇年後まで署名しなかった。

　大気圏内ならびに水中での核実験の禁止は、太平洋核実験地域ならびにその他の地域での実験にも終わりをもたらした。しかし、地下実験は続けられ、その後の核弾頭製造にもなんら制限は加えられなかった。後にアメリカ国務省が認めているように、この禁止条約は、その名称も示しているように、文字通り部分的であった。この条約は「核兵器の開発と拡散に対してはなんら実際上の影響をもたらさなかった」が、「将来の軍縮という点では重要な前例となった」と国務省は述べている。(14)

　一九六四年の中国の核実験成功によって、「核兵器保有国クラブ」は五カ国となった。それから四年後、「核兵器不拡散条約」という国際条約への署名が開始され、一九七〇年から効力を発した。俗に「NPT（核不拡散条約）」と呼ばれるこの条約には、いくつかの特徴が見られる。核保有五カ国による核兵器独占を固定化することを目指す一方で、その他の国々には核兵器を開発したり取得したりしない誓約を求めた。同時に、核技術の平和利用を促進し、その面では核保有国が非保有国を援助するという条約内容である。NPT条約の前文ならびに第六条では、究極的な「核軍縮」をめざして誠実に努力することへの義務と「厳重かつ効果的な国際管理の下における全面的かつ完全な軍備縮小に関する条約」への義務が謳われている。

　NPT条約は、米ソ核兵器競争を終わらせることもなかったし、非保有国が核兵器を保有することを防ぐこともなかった。二一世紀までに、当初の核保有五カ国にイスラエル（おそらく一九六〇年代半ばからと思われるが、公式には全く認めていない）、パキスタンとインド（一九七〇年代初期から開発をはじめ、両国とも一九九八年の核実験を公式に認知）、さらに北朝鮮（二〇〇六年から）が加わった。二〇一五年初めの段階で、NPT条約に参加している国は一九〇カ国。しかし、イスラエル、パキスタン、インドの三カ国の核保有国はNPT条約に署名していないし、北朝鮮は二〇〇三年にNPT条約から脱退した。にもかかわらず、核不拡散という理想がもたらした影響は大きい。国内外の両方からの圧力のために、核兵器を保有していた国、あるいは保有を計画中ないしは考慮中であった少なくとも二四の国々が、最終的にはNPT条約に署名した。一九七〇年以前におけるこうした国々にはエジプト、イタリア、日本、ノルウェー、スウェーデン、西ドイツが含まれていた。一九七〇年以降では、アルゼンチン、オーストラリア、ブラジル、カナダ、ルーマニア、南アフリカ、韓国、スペイン、台湾、ユーゴスラビアがそのリストに入る。ソ連崩壊時に核兵器を相続したベラルーシ、カザフスタン、ウクライナの三つの旧ソ連邦国は、その保有を放棄した。中東では、国際的な圧力のゆえに、イラクが一九九一年に、リビアがかなり遅れて二〇〇三年に核兵器製造計画を中止した。その一方で、核兵器保有断念へのこうした積極的な動きに逆行する動きもあり、核技術の「平和利用」推進によって、数十カ国が、核兵器を生産しようと思えば自国の原子力技術をそのために利用する能力を備えることとなった。二〇一四年三月の段階では、軍備管理協会は「核兵器製造可能」国として、四四カ国もの国々を挙げている(15)。

ソ連崩壊と冷戦終結に伴って、核兵器均衡という恐怖は、変化はしたが消滅したわけではない。冷戦後のこれまでの経緯が示しているように、政治、イデオロギー、人間の本性、技術の特性である不可逆性など、いろいろな要因が全部重なり合って、その消滅を不可能にしている。

＊

大量破壊兵器である核兵器は非常に恐ろしいものなので、最終的には、それを実際に使うことに対する「核タブー」が影響力を強めることになった。「核タブー」とは、核兵器を多かれ少なかれ通常兵器と同じように扱うことに反対する感情であり、その感情は単に抑止力の考えを反映しただけではなく、同時に、高まる倫理的批難をも反映した。その一方で、核兵器による報復に対する恐怖が、第二次世界大戦後数十年にわたって、米ソ軍拡競争をはなはだしく無責任なレベルにまで高めてしまった。数の上だけから見ると、米ソ両超大国の核弾頭保有数の合計は一九八〇年代半ばに頂点に達し、七万発近くにまでなった。しかしながら、他方では、大量破壊兵器である核兵器の非道性と特別におぞましい性質を問題にする世界的規模での草の根運動の影響もあって、こうした核兵器の増大から遠ざかろうとする動きが、最終的には米ソ両超大国を動かし、試験的にとはいえ、核兵器を制限する諸協定の締結へと向かわせた。このような動きが実際に起きたことを考えると、米ソ両超大国が戦争に突入し世界の大部分を破壊してしまうようなことを防ぐ上で、そうした倫理的な批難が重要な役割を果したと主張することは決して不当ではない(16)。

しかしながら、いろいろな情報から今やよく分かっていることであるが、冷戦が熱い戦争へと展開するのが避けられたのは、全くの幸運と偶然の故であったことも確かなのである。究極的には、核タブーが核兵器の使用を最終決定する人間を制御したが、そうした制御を不可能にしかねなかった動きが三つの方向からあった。一つは、初期の核戦争計画者たちが持っていた終末論的な「聖戦」のためには核を使うという信念。二つ目は人的または機械的な判断間違い、すなわち核兵器による相互攻撃という事故を偶然に引き起こしそうになった「誤りの警報」や「危機一髪」での回避。そして、三つ目は、一九四五年以降に起きた武力紛争の中で、核タブーを感じない上層部の人間が、ある特定の紛争では核兵器の使用を実際に考慮するということをたびたび行ったこと。

最終的に冷戦心理から脱却し、「核抑止力依存」と「微妙な恐怖の均衡」の精神病理性を明らかにすることに貢献した、元核戦争支持者の明確な例として、冷戦期の核兵器使用問題に関与した上層部の二人の人間――一人は軍人、もう一人は政府高官――を挙げることができる。軍人のほうは、一九九一年から九二年に最後の戦略空軍司令部司令長官を務めた後、戦略司令部司令長官を二年間務め、退職したジョージ・リー・バトラー将軍である。政府高官のほうはウィリアム・ペリーで、彼は、技術ならびに兵器システム専門家として一九六〇年代から経歴を積み、一九九四年から九七年には国防長官のポストにまで登りつめた人物である。

バトラーは、戦略空軍司令部司令長官になったとき、常時更新される緻密で超極秘の「単一統合作戦計画(ＳＩＯＰ)」というものがあり、これが一九六一年以来二〇〇三年までアメリカの核政策を決定してきたことを初めて知ってショックを受けた。それ以降、彼の不安はますます高まった。退職後まもなく、彼は自分がどのように「核抑止力の頑強な擁護者から核廃絶の公的支持者へと、長くて困難な知的道程」を歩んできたかを、自己反省的に、しかし情熱的に、正確に説明したため、アメリカ内でも国際的にも注目を集めた。二七年間も核政策の作成に携わったことで、自分がいかに「重く精神的に病んでいた」かについて彼は告白したのである。

バトラーが心を痛めた体験の一覧リストは長いものである。その中には、戦略核兵器とその任務担当部隊に関係する悲惨な事故と事件の連続を調査したこと、間違いを起こして困惑する軍専門家集団を目撃したこと、「核攻撃の脅威の下での決断により精神的麻痺を伴う抑圧状態」に直面したこと、「信じがたいような膨大な費用」、「技術革新への容赦のない精神的プレッシャー」、「異様に破壊的な戦争計画」、「理性的思考を停止させ、核戦争が現実に起こるものと考えさせ、極端に大量の核兵器を貯蔵させることになる、恐怖心に誘発された冷戦期の精神的麻痺」などが含まれている。こうしたことを回想して彼は、「悪意に満ちて」、「野蛮で」、「止めどなく増大する」、「不誠実で危険な方針」、飽くことを知らない抑止力への「欲望」を非難したが、こうした制度と技術を幾つも作り上げることに彼自身が貢献し、その中には「一万二〇〇〇以上の攻撃目標を含む戦争計画」も含まれていたのである。

ソヴィエト連邦崩壊によって、バトラーは大きな安心感と希望をもったのだが、にもかかわらず、核抑止力の思考と、核兵器の有効性と必要性への信念がその後も変わらず存続していることに、彼は不安を覚えずにはいられなかった。彼は、「上品に見える抑止理論は、核戦争がいつ起きるか分からないという危険な状況の中では、しおれてしまう」と、声高に述べている。彼は核抑止力の愚かさに関する後年の回想で、アメリカ合衆国では、核兵器保有の絶頂期には、「貯蔵一覧目録には三万六〇〇〇発があり」、その中には核地雷や核機雷、さらには「ジープから発射できる砲弾に装填する核弾頭」まであったと指摘している。「人類は核ホロコーストを起こさずに冷戦を乗り越えたが、それは外交的努力と、偶然の運と神の介入、その二つの組み合わせであり、おそらくは後者が果たした役割

が大きいだろう」と、彼は結論づけている。(17)

ウィリアム・ペリーは、国防総省のコンサルタントと官僚としての数十年にわたる自分の経験を、バトラーと同じような嘆きで思い起こしている。彼は一九六七年から、アメリカ政府の内部と外部を行ったり来たりしながら働いたが、二〇一五年に出版した回顧録『核危機の瀬戸際における我が人生』では、冷戦絶頂期におけるアメリカの核政策を激しく軽蔑している。ペリーの見解では、一九六〇年代の戦略思考は「超現実主義的」で、アメリカ陸軍が核兵器を「あたかも、核兵器以前の兵器からごく自然に発展したものと考え、砲弾に装塡、大型バズーカ砲に装塡、……破壊用爆薬に装塡」していたことは、信じがたいことだと見なしている。そんなやり方は、単に「異常に無鉄砲」であるだけではなく、「ほとんど原始的」であるとさえ言う。ソ連が、そうしたアメリカの核兵器の使用方法に対応して戦術核兵器を開発し、「かつ、戦争になった場合には、そうした戦術核兵器を使って、西ヨーロッパの通信網と政治の中心部を破壊しようと計画した」のも不思議ではない、と述べる。

米ソ両超大国が相互軍備管理と軍備削減で交渉を試みた冷戦最後の二〇年間でさえ、暴力と恐怖がつきまとった。ペリーはこの時期を顧みて、以下のように回顧している。

歴史的には見慣れている、非合理的で憤怒に溢れる思考、そうした思考が人類の歴史では我々を戦争へと駆り立てるのだが、核兵器時代には、どの時代よりもそれが危険な思考だと私は考える。この思考こそ、核戦略を練る熱狂した議論を呼び起こし、我々が製造する核兵器の破壊性を巨大なものにさせ、核戦争という過ちに我々を陥れる一歩手前にまで追い込んだのだ。この思考がどこに我々を向かわせるのかを想像しないことは、大きな間違いである。一九七〇年代や八〇年代の核兵器増大期より前の時代の核兵器でさえ、世界を破滅させる以上の破壊力をもっていた。我が国の抑止力は、合理的な考えをもったどんな政治指導者をも抑止するだけの恐怖を備えていた。にもかかわらず、自分たちの核軍事力が不十分だと、強迫神経症に病んでいるかのごとく主張してきた。つまり、どこかに「脆弱性の穴」があるにちがいないと夢想してきた。そして、米ソ両国政府が、それぞれ自国民に恐怖心を広めた。核兵器時代が出現して、実際には、世界はそれ以前には見られなかったような変化に見舞われたのに、あたかも世界は何も変わらなかったかのように、我々は行動してきた。(18)

＊

核戦争をめぐる知的・組織的な混乱と困惑については、上記のような関連資料ならびに政府や軍の内部にいた人間の解説で描写されているが、そうした混乱と困惑が、いったいどのような脈絡で不運な事故を起こしたり、好戦的な戦争計画者たちが核タブーを犯すことを考えたりすることにつながったのかについても明らかとなっている。バトラー将軍は、「一連の事故と事件の危険な状態」と婉曲に述べた。ウィリアム・ペリーは、自分の国防総省時代の核戦争一歩手前の日々について語った。彼らは、核兵器事故については、「折れた矢」、「曲がった槍」、「カラの矢筒」といった、美麗で婉曲な軍事用語が使われていることを指摘している。「カラの矢筒」とは紛失した核兵器のことである。バトラー将軍とペリーの二人とも、核兵器があちこちに配置されていたこと（ジープに積んだ核兵器すらあった！）を説明しているが、彼らを悩ました、このようなやたらに拡散してしまった非合理的「合理性」の危険性について考えてみるならば、核兵器事故が起きたり、人的または機械的な間違いから誤った警報が出されることも、全く不思議でないと思われてくるのである。しかし、こうした事故のうち、どのくらいが実際に「危機一髪」の状態を生み出したのであろうか？

核兵器関連事故や事件は、核兵器で睨み合っていた米ソの両国で頻繁に起きていたのは疑いないことだが、我々にとって入手可能な関連資料はアメリカのほうに多くある。国防総省自体は、三二件の重大な核兵器事故があったと認めているが、調査記者として有名なエリック・シュロッサーによって暴露された国防総省内部調査によると、一九五〇年から六八年初めの間に、少なくとも二〇〇件の「重大」事故・事件があったことが判明している。[19] アメリカの核兵器事故に触れている別の研究者は、一九七七年から一九八三年の間の機密資料によると、毎年四三件から二五五件の数の事故があったと書いている。[20]

こうした事故のほとんどは、二大超大国を核戦争一歩手前まで追いやるような危機的なものでは全くなかった。しかし、その一方で、スタンリー・キューブリック監督が製作した、一九六四年公開のこっけいな風刺映画『博士の異常な愛情　または私は如何にして心配するのを止めて水爆を愛するようになったか』の話に似たような、危機一髪状態を生み出した異常な事故のケースも幾つかあった。大規模報復を考える集団思考という極めて不安定な状況の中では、鳥の一群、雲に反映した太陽光線、昇ってくる月、警告装置に誤って入れられた訓練用の録音テープ、四六セントという安価なコンピューター・チップの故障といった些細なことが、ソ連による核攻撃の可能性という重大な警告を呼び起こす引き金となった。逆に、ソ連は、北極のオーロラ光を調査するノルウェーの気象観測ロケットに怯えて、慌てふためいたことがあった。

「カラの矢筒」の類の事故としては、一九六六年に、核兵器搭載での定期的な哨戒任務に当たっていたB52爆撃機が、スペイン上空で燃料補給機と接触し、四発の水素爆弾を地上に向けて落としてしまったケースが挙げられる。核弾頭は爆発はしなかったものの、そのうちの一発は海に落ちて一時紛失し、二発が破裂して地面をプルトニウムで汚染してしまい、その除染のためにアメリカ兵が送り込まれた事件は、半世紀たった今日でもまだニュースになっている[21]。実際にはこの何倍もの数で起きているこうした具体例は、バトラー将軍や実際にこうした事故を体験している人たちには「一連の事故と事件の危険な状態」を思い起こさせるものであり、核戦争が起きなかったのは、核抑止力が機能したからというよりも、偶然の運と神の介入のおかげだと彼らが考える理由でもある。

同じように不安を感じさせるのは、公開済みの機密記録や関係者の回顧録によって明らかになっている、冷戦期にアメリカの戦争計画者が核兵器を最初に使うことを考えた、その回数である。ソ連に対して「予防」または「先制」攻撃をかけるという、周知でもあり同時に機密でもあった提案は、ソ連が十分な報復能力を開発する前から実は存在した。アメリカ側が最初に核兵器を使う可能性があったのは、朝鮮戦争(ダグラス・マッカーサー将軍は、北朝鮮と中国の間に放射能汚染地帯を作るために三〇発以上の核兵器を使うことを強く提唱した)、今ではすっかり忘れられた一九五〇年代の二回にわたる中国との緊張事態(一九五四年と一九五八年の二回の台湾海峡危機)、一九六二年のキューバ危機、ベトナム戦争期、そして一九九一年の湾岸戦争においてである。

　こうした核兵器使用の提案の根本にあるのは、ウィリアム・ペリーがひじょうに心配した考え、すなわち、核兵器は通常兵器の最高度のもの（よく使われる表現で言うならば、「矢筒に入っているもう一つの矢」）であり、戦術的に使えるものである、という考えである。頭文字が頻繁に使われる軍事計画分野では、あらゆる戦術核兵器がＴＮＷ（Tactical Nuclear Weapon）という表現でゴチャ混ぜにされており、戦域核兵器力を示すＴＮＦ（Theater Nuclear Force）と緊密に関連しているものと捉えられている。アメリカ合衆国がベトナムでの軍事作戦を強化拡大しつつあった一九六六年、国防総省はＴＮＷを使う可能性についての研究を支援した。しかし、スティーブン・ウェインベルグやフリーマン・ダイソンを含む優秀な科学者たちの指導の下で作成された、この問題に関する秘密報告書『東南アジアにおける戦術核兵器』の結果は、核タブーを再確認した[22]。

　ところが、冷戦が終わった後でさえ、戦闘での戦術核兵器の使用の有効性を核戦争計画強硬派が主張し続けることを止めさせるには、その報告書は全く役立たなかった。もちろん、冷戦が終わった時には「核兵器保有国」の数は増加しており、そうした国の中には、アメリカ合衆国よりもっと組織的に不安定と見られる国が含まれていた。

第4章　冷戦期の戦争

Cold War Wars

第二次世界大戦に見られたような「総力戦」は、一九四五年以降は消滅したかもしれない。しかし、総力戦のための準備はなくなってはいないし、核兵器は用いていなくとも大規模な軍隊が残虐行為や市民殺戮を行うということもなくなってはいない。アメリカ合衆国と大韓民国（韓国）が中華人民共和国ならびに朝鮮民主主義人民共和国（北朝鮮）の軍隊と敵対した朝鮮戦争（一九五〇—五三年）では、アメリカ軍が投下した爆弾の総量は、一九四五年に日本に投下した量の四倍をはるかに超えていた。日本と朝鮮の両方に対する戦略爆撃を指揮したカーティス・ルメイ将軍は、「我々は南北両朝鮮の、ほとんどの都市も燃やし尽くした。……我々は一〇〇万を超える朝鮮市民を殺害し、さらに数百万人の市民が悲惨な目に遭うように、彼らを故郷から追い出した」と、後年述べている(1)。

一九六五年から七三年まで続いたベトナム戦争では、アメリカ軍の爆撃は最終的にカンボジアとラオスにまで拡大されたが、その投下爆弾の総量は日本に投下された量の四〇倍以上となった。一九七〇年に行われたカンボジアへの秘密爆撃によって、アメリカ人は、文民ならびに軍人の両方の指導者たちが推進した「局地戦争」に怒りを感じるようになった。今や公開となっている機密書類によれば、当時、リチャード・ニクソン大統領の国家安全保障問題担当大統領補佐官を務めていたヘンリー・キッシンジャーは、「カンボジアに大量の空爆作戦。飛び立つもの、あるいは動くものは全て〔攻撃目標〕」と、大統領命令を極めてぶっきらぼうな言葉で空軍に伝えたことが明らかとなっている。批評家、トム・エンゲルハートが的確に述べているように、この言葉は、戦争犯罪行為として非難されるに値する証拠である。(2)

朝鮮、ベトナムでの戦闘では、抑制のタガがはずれた破壊行為が様々な局面で表れた。ベトナムでのアメリカ軍は、徹底的な空爆のうえに、農作物を破壊し敵軍が隠れるために利用している森林の葉を枯らすために、除草剤をまくという化学戦も展開した。これも、もともとは第二次世界大戦中に考案されたもので、日本の米作物を一九四六年に破壊する目的でアメリカとイギリスの科学者たちが共同で開発した除草剤の一種であり、後に悪名高い「エイジェント・オレンジ」と呼ばれるものである（これが出来上がった頃には、戦争はとっくに終わっていたが）。この化学兵器が使えるようになったのは一九五三年、朝鮮戦争が休戦状態となる直前のことであったが、一九六〇年まで長引いたマラヤ危機では、イギリスが農作物を破壊するために使った。一九六二年から一九七一年の間、「ランチハンド作戦」という名称で、アメリカ軍はベトナム、カンボジア、ラオスの各地に二〇〇〇万ガロンという大量のエイジェント・オレンジを散布した。この有毒化学薬品の使用は、農地と森林地帯を荒廃させただけではなく、栄養失調、飢餓、流産、生まれつきの障害、さらには癌を含む様々な長期疾患といった、人体への悲惨な打撃をもたらす原因となった[3]。

一方、ソ連による戦後の軍事活動としては、一九四四年に始まった東ヨーロッパ(ポーランド、ハンガリー、ルーマニア、ブルガリア、チェコスロバキア、東ドイツ)における傀儡政権の樹立の後の、冷戦初期にソ連軍が行った最も破廉恥な軍事介入、すなわち一九五三年の東ドイツ、一九五六年のハンガリー、一九六八年のチェコスロバキアでの大衆抗議運動を押しつぶすための軍事介入が挙げられる。一九六〇年代にずっと燻り続けていた国境問題をめぐる中ソ紛争は、一九六九年に頂点に達し、ごく短期間ではあったが、ひじょうに危機的な武力衝突が起きた。しかし、これらの軍事行動はどれも目立つほど多数の死傷者を出すようなものではなかったが、ごくわずかのケースを除いて一般的には戦争そのものとはみなされていない[4]。

冷戦期におけるソ連の主たる軍事活動は、アフガニスタンで一九七九年末から一九八九年初めまで展開されたが、基本的にはこれが、その二年後に起きたソ連崩壊の前兆となった。不評をよんだアフガニスタン共産党政権への介入と占領を伴ったこの戦争は、イスラム諸国から、また国連総会でも批難を浴びた。さらには、ソ連軍に対する抵抗闘争の先駆けとなっていたアフガニスタン国内のイスラム原理主義者戦士ムジャーヒディーン(聖戦を行うゲリラ戦士)と、その闘争に加わった四〇カ国にものぼる国々からのイスラム聖戦士を、アメリカ、サウジアラビア、パキスタンが支援する誘因ともなった。これが、のちに、アメリカ人やその他の外国人に対して行われるイスラム・テロ行為の温床となったことは、その後の歴史が示している通りである[5]。

アフガニスタン国内がこの戦争で動乱状態になったのみならず、近国のイラクとイランにも飛び火して、両国は一九八〇年から八八年まで残虐な戦争を繰り広げ、イラクは兵員と市民の両方に対して化学兵器を使うことまでやった。ソ連は、イラクとイランの両方にいやいやながら支援を行ったが、とりわけイラク側を支援した。アメリカ合衆国はこのイラクを、経済支援、軍用人工衛星による情報提供、武器販売、軍民両用技術の販売、化学・生物兵器用の病原体の販売など、陰に陽に、いろいろな手段で支援した。(6)

こうした冷戦期の戦争における人的損害の正確な数を出すことは、どんな場合も不可能である。朝鮮戦争での戦闘での兵員死亡者数(中国兵と北朝鮮兵、韓国兵に加えて比較的少数のアメリカ軍ならびに国連軍の死亡者数)は、おそらく八〇万人近くと思われるが、南北両方の市民の死亡者数はその倍あったと考えられる。別の情報源による推定総死亡者数は、さらに多い数となっている。ベトナム戦争での死亡者数に関しては、一九九五年の共産党政府による推定によると、一九五五年から一九七五年の間に、市民の犠牲者数二〇〇万人、北ベトナム軍と南のベトコンの合計死亡者が一一〇万人。これに、南ベトナム軍兵士の推定死亡者数三〇万人を加えるならば、ベトナム人の死亡者総数は三四〇万人にのぼると考えられる。アメリカ側は、首都ワシントンにあるベトナム戦争戦没者慰霊碑には二〇一五年時点で五万八三〇七名の死亡者の名が刻まれており、その中には戦闘中の行方不明者で、したがって死亡したと思われる者一二〇〇名が含まれている。ソ連・アフガニスタン戦争での兵員犠牲者数は、ムジャーヒディーンを含めて確実に一〇万人を超えるはずであるが、もっと驚くべきことは、市民の犠牲者が八五万人からその倍の一七〇万人の間と推定されることである。その上に数百万人、すなわち総人口のおそらく三分の一が国外に逃亡しており、さらに二〇〇万人ほどが国内で難民となった。イラン・イラク戦争での推定死亡者総数は、イラク側が二五万人、イラン側が一五万五〇〇〇人という政府の公式発表数字から、一〇〇万人以上という数字まで様々である。(7)

＊

朝鮮戦争、ベトナム戦争、ソ連・アフガニスタン戦争は、程度の差はあれ、冷戦期の共産主義対反共産主義というイデオロギー上の衝突があからさまな形で現れた「代理戦争」であった。同時に、外国による侵入行為で国内の民衆の間での武力衝突が増幅された戦争でもあった。朝鮮戦争への中国の介入(一九五〇年一〇月、アメリカ軍が国境を侵す恐れがあると思われた時)は、第二次世界大戦後の戦争や紛争が、こうした多面的な性質を帯びるようになったことを顕著に示す例であった。毛沢東が率いる共産党軍が四年にわたる悲惨な国内紛争を終えて蔣介石の国民党軍に勝利したのは、そのたった一年前であった。一九四六年から四九年まで続いたこの国内紛争での死亡者数は、少なくとも一〇〇万人、あるいはそれ以上と推定する者もいる。(8)

中国のケースは、第二次世界大戦とその戦争の余波がもたらした状況の複雑な性質をまざまざと映し出していると見なすことができる。中国では、日本の侵略が共産主義の勝利への道を準備した。アジア全般で見てみると、日本が引き起こした戦争が西欧植民地主義に致命的な打撃を与え、激しく抗争しあう内戦と、解放のための反植民地戦争という余波を引き起こした。朝鮮戦争は、日本の長年にわたる植民地支配(一九一〇—四五年)に由来する深い国内分裂が原因であるが、その分裂は、一九四五年の日本の敗北に伴い、朝鮮を、北緯三八度線を境界に米ソの勢力圏に二分するという連合国の悲劇的な決定によってさらに悪化した。

「連合国」対「枢軸国」、あるいは国民国家対国民国家という傘の下で、様々な副次的戦争が第二次世界大戦と並行して戦われ、それらは、なんらかの形で戦後世界に引き継がれた。様々な地域で民衆闘争がはびこり、戦時期の結束を壊す危険性を常に孕んでいた。同盟国であった国家間の不和は高まり、ソヴィエト連邦とアメリカ合衆国の間の不和が最も顕著であった。ヨーロッパとアジアの両地域の戦場で、準軍隊組織やゲリラが不規則に起こす戦闘が、巨大な機械化された軍隊による戦争を背後で支えていた。反植民地運動が高まっていたが、それは戦後、アジア、アフリカ、中東を揺るがす「国民解放戦争」の前兆であった。ナチスによるホロコーストも、戦後に恐ろしく頻繁に起きるようになった「大量虐殺、政治虐殺、その他の大量殺戮」の予兆でもあった(9)。

例えば、アメリカ中央情報局(CIA)の資金で編纂された『主要な政治暴力の出来事』と題された資料では、一九四六年から二〇一三年の間に起きた「国際紛争、内戦、民族紛争、共同体間紛争、大量虐殺といった形での暴力・戦闘」の三三一のケースが挙げられており、そこでは一ケース当たり五〇〇人以上の死者を出した出来事が記録されている。この全てのケースのうち、二二二ケースは一九九〇年より前に起きている。この資料に含まれている表は、ごく大雑把に「戦闘関連死亡者数」だけを見積もっており、「武力紛争事件発生当時、暴力によって、直接または間接的に、身体的かつ精神的に痛みつけられ打撃を受けた多数の被害者は除外されている(これらの犠牲者数に関しては推定する方法がない)(10)」。

この制約的な統計資料からですら、暴力が原因で死亡した人間の推定数がどれほど多かったかが分かる。大雑把な年代順で述べるなら、一九四五年から一九五五年の間のインドシナ半島におけるフランスからの独立運動では五〇万人が殺害された。一九四六年から一九四八年の間のインドとパキスタンの分離をめぐる紛争では一〇〇万人が死亡。一九四八年から始まったコロンビア内戦では、一九六〇年までに二五万人が死亡。一九五四年から一九六二年のアルジェリアのフランスからの独立闘争では、戦闘死者だけで一〇万人。一九五六年から一九七二年にかけてのスーダンの民族紛争での死亡者は五〇万人。一九六〇年から一九六五年のザイールでの民族闘争では死亡者一〇万人。一九六一年から一九九三年の間にイラクで殺害されたクルド人は一五万人。一九六五年と一九六六年にインドネシア政府によって共産主義者という疑いで虐殺された人たち(その多くが中華系)の数は五〇万人。一九六六年から一九七〇年の間のナイジェリアの民族紛争での死者は二〇万人。一九六六年から七五年まで続いた中国の文化大革命での死亡者は五〇万人。一九六六年から九六年までにグアテマラで殺害された先住民は一五万人。一九七一年のパキスタンとバングラデシュの間の民族戦争での死者は一〇〇万人。一九七一年から一九七八年の間のウガンダでの民族戦争での死者は二五万人。一九七四年から九一年まで続いたエチオピアの民族戦争では、エリトリア人と他の民族の七五万人にのぼる死亡者。一九七五年から七八年の間に、カンボジアのクメール・ルージュによる大量虐殺の犠牲となったカンボジア人は一五〇万人。一九七五年に始まり二〇〇二年まで続いたアンゴラの内戦での死亡者は一〇〇万人。一九七六年から九二年までの間にインドネシアによる東チモールでの「植民地戦争」で殺害された数は一八万人。一九八一年から一九九二年の間の、モザンビーク内戦での死亡者は五〇万人。一九八三年から二〇〇二年の間には、再びスーダンの民族戦争で一〇〇万人が殺害された。

このリストの上に、さらにまだ他の悲惨な大規模暴力事件を挙げることができるが、統計数としてどのくらい完璧なものになるかは議論のあるところである。しかしながら、かつて第三世界と呼ばれた地域で、とりわけ広範囲にわたる強度の被害が見られるのは明らかである。よく知られている他のデータベースはCIAのものとは異なっているが、同じように悲惨な統計内容である。例えば「戦争関連プロジェクト(COW)」は、一八一六年以降、戦場で最低一〇〇〇人以上の死亡者を出した公的紛争での死亡者数を一覧表にしている。この一覧表では、一九四五年から二〇〇七年の間に起きた戦争として二四二件を挙げており、「第二次世界大戦後、ほとんど毎十年間に、世界中で二〇〇万人以上が戦闘死している」ことになると結論づけている。[11] スウェーデンのウプサラ紛争データ・プログラム(UCDP)は、一九四六年から二〇一三年までの統計として、「(一一四の戦争における)二五四の武力紛争」を挙げている。このうち(六七の戦争における)一一〇の武力紛争が一九八九年以前に、(四七の戦争における)一四四の武力紛争がそれ以降に起きている。[12]

アメリカ合衆国はこうした戦争の多くに、ほとんどあるいは全く影響を及ぼしていないが、しかし、そのうちの幾つかには相当大きな影響を与えた。一九四六年から二〇世紀の終わりまでに、アメリカ軍は、朝鮮とベトナムを除き、通常は戦争とみなされる十数回の軍事行動に単独で、もしくは多国籍軍を指導する形で参加している。その中には、レバノン(一九五八年)、キューバ(途中で失敗した一九六一年の「ピッグズ湾」侵略)、ドミニカ共和国(一九六五—六六年)、ボリビア(一九六六—六七年)、再びレバノン(一九八二―八三年)、グレナダ(一九八三年)、パナマ(一九八九―九〇年)、湾岸戦争(一九九一年)、イラクに対する「上空飛行禁止」措置(一九九一―二〇〇三年)、ソマリア(一九九二―九三年)、ハイチ(一九九四―九五年)、ボスニア(一九九四―九五年)、それにコソボ(一九九八―九九年)が含まれる。

政府報告書を含む、より広範囲にわたる情報編纂資料は、「アメリカ合衆国が軍事紛争で、あるいは紛争が起きそうな危機的状態で、さらには通常の平和時以外の目的で、海外においてその軍隊を使った数百の事例」の詳細を記している。これらの軍事介入の多くが、国連やNATOによって承認された多国籍軍の行動に関連するものである。また、その軍隊派遣の多くが、民主主義推進のためとか人道的救援のためという名称の下で行われたものである。その中には、外国政府からの依頼に対する応答として、あるいはまた、危険な状況に置かれたアメリカ市民を守ったり避難させたりするために行われたものがある。数少ないが、挑発的な反米事件に対する反応としての軍事介入もある。(13)

こうした軍事行動の多くが効果をもたらさなかったこと、あるいは対象となった国に反動的で抑圧的な状況を生み出すことにつながってしまったことを、行政関連資料でさえ認めているが、しかし、実は、こうした軍事介入は氷山の一角でしかない。実際には、主としてCIAの主導の下で、アメリカ合衆国は、数百にのぼる秘密裏の不法介入を行っているが、それが行われた地域以外ではほとんど注目されないままに終わっているのである。これらの秘密活動は、通常の統計調査の網の中には入ってこないところで行われている。専門的に言うならば、国防総省は「秘密工作活動」と「不法工作活動」を区別している。前者の場合には、活動のスポンサーが誰であるのかが隠され、そのスポンサーに関して「まことしやかに否認する」ことが許されているのに対し、後者の場合は、活動の存在自体が隠蔽される。しかし、実際には、この区別は普通は曖昧で、こうした行動とその実行者は、それがいかに犯罪的な行動で、その実態がいかに徹底的に明らかにされようとも、全く責任を問われないのである。

こうした工作活動の内容に関しては、元CIAメンバーであった内部告発者の証言や、たまに行われるある特定の違法行為に関する連邦議会調査、あるいは根気強く調べた新聞雑誌報道などによって暴露されている。例えば、慎重に立証されたある資料によると、一九四五年からソ連が崩壊した一九九一年までの間に、アメリカが行った主要な「秘密工作活動」は八一件ある。[14] これらの資料から、「アメリカの冷戦作戦」には美徳があることを心から信じていたような人間が、通常、ファシストや共産主義迫害者と交わり、目にあまるような非道な行動をとっていたことが判明するのである。これが戦後、これまで小説や映画で人気を博してきた、シニカルなスパイ活動のスリラー物を生み出す材料となってきた。しかし、冷戦期と冷戦後の長い間、こうした工作活動の攻撃目標とされてきた外国、組織、集団、家族、個人にとっては、それはフィクションなどではなかった。

この種の工作活動の起源は、CIAの第二次世界大戦期の前任組織である「戦略諜報局(OSS)」の活動であり、OSS活動の目的は、敵対する国の政府や社会を弱体化し、敵を粉砕することであった。そうした工作活動を説明する、ごくありふれた内容の印刷物の一つが、OSSが一九四四年に、主としてヨーロッパでの活動を念頭に置いて作った秘密冊子『破壊工作簡略実践手引書』である。一九八〇年代にCIAは、基本的にこの冊子を改定して、絵入りの英語版とスペイン語版のパンフレットを作り、これを配布して、当時、左翼政権下にあったニカラグアを不安定にしようと目論んだので

ある。(15)

CIAによる、共産主義や社会主義、それに進歩的社会運動などの妨害工作、弱体化、抑圧または破壊、とりわけ第三世界におけるそうした工作活動は、現実には単純なものでは決してなかった。秘密裏の工作活動としては、暗殺の実行または幇助、右翼独裁者と暗殺団の支援、イラン、グアテマラ、シリア、イラク、南ベトナム、チリ、インドネシアでのクーデターへの資金提供または支援、(カンボジア、コロンビア、エクアドル、エルサルバドル、グアテマラ、イラン、イラク、ラオス、ペルー、フィリピン、韓国、南ベトナム、タイ、その他の国々などの)外国の警察が抑圧的で犯罪的な手段をとれるようにするための訓練や支援の提供、アンゴラやコンゴなどのアフリカ諸国で戦う白人のヨーロッパ人や南アフリカ人の勧誘、(秘密活動の資金獲得のための)麻薬や武器の違法売買、秘密の刑務所の運営、殺人・虐待・テロ爆破・経済妨害への直接的・間接的関与、偽の情報拡散、表向きは「自由主義的な」学術的・政治的組織の設置と資金提供、(日本やイタリアといった主要国家においてすら行われた)表面上は民主主義的な選挙を腐敗させるための、保守的で右翼的な候補者または政党への資金提供が挙げられる。

一九五〇年代初頭から一九七三年まで続き、「MKウルトラ」という暗号で呼ばれたCIAの悪名高いプロジェクトでは、虐待と尋問強化を目的とする秘密の「心理操作」実験に、大学や病院を含む数十にのぼる数のアメリカの研究組織が関わった。その他のプロジェクトの中で最も悪名高いものは「カオス作戦」と呼ばれたもので、これは、特に一九六〇年代と七〇年代のベトナム戦争期に、しかし戦争期に限らず、政府の政策に反対するアメリカ合衆国内の人間を目標にしたものであった。後者の場合、その理論的根拠は、そうした反対運動は外国からの影響を受けているからだというものであった。[16]
一九八七年、ＣＩＡに幻滅した十数人の元ＣＩＡ職員が自分たちの組織を作り、次のような声明を出した。「アメリカ合衆国と戦争状態にない諸国、合衆国に対して十分な物理的損傷を与えるような能力を有していない諸国、あるいは「共産主義」か「資本主義」かという問題で、合衆国に対して悪意を全くもっていないか強い関心をもっていない国々、そのような諸国の数百万人にのぼる人たちが、アメリカの秘密工作活動で、殺傷されたりテロ行為の犠牲にされたりしている」。これらの元ＣＩＡ職員は、詳細な情報を提供していないが、「第二次世界大戦以降、アメリカの秘密工作活動の結果死亡した数は、少なくとも六〇〇万人にのぼっている」と結論づけている。[17]

＊

冷戦期の最後の一〇年間には、海外に駐在するアメリカの軍事力ならびに準軍事力を質的にも量的にも新しいレベルにまで引き上げる幾つかの発展が見られた。その一つは、「カーター主義（一九八〇年）」と「レーガン主義（一九八一年から一九八九年まで）」と呼ばれる大統領政策の導入で、これらによって戦略目標と戦略任務が再定義された。もう一つは、西半球と中東におけるＣＩＡ主導の秘密・不法工作活動の強化であり、これは、潜入、転覆、虐待、テロといった、すでに定着している戦術を使うものであった。冷戦期最後のもう一つの進展は、デジタル技術をはじめとする最先端技術を兵器システムと軍事司令機構に応用することで、「軍事革新」という表現で注目を集めた。この政策と技術の同時変化は、ソ連が崩壊しようとするまさにその時、イラクの独裁者サダム・フセインがクウェートを侵略し湾岸戦争を引き起こした、一九九〇年から一九九一年にかけて劇的に起こった。

カーター主義はジミー・カーター大統領の名前に由来しており、一九七九年に起きた二つの事件――アメリカ政府の支配下にあったイラン政権を覆したイスラム革命、ならびにソ連のアフガニスタンへの軍事介入――への対応に由来している。脅威とみられたこの二つの事件の共通要素は、一言で表現すれば「石油」である。一九八〇年一月二三日、カーターは政権最後の一般教書演説で、アメリカが三つの国際的挑戦に直面していることを強調した。それらはすなわち、ソ連の国境を越える軍事力拡大計画、「中東からの石油供給に対する西欧諸国の圧倒的な依存」、「イランでの革命に代表される」開発途上諸国での混乱状況であった(18)。

カーターは大統領再選に失敗したが、「カーター主義」がアメリカの戦争のための基盤、とりわけ拡大中東圏における基盤を拡大する基礎を据えた。この演説から二カ月もたたないうちに、カーターは、アメリカ軍の四部門(陸海空軍ならびに海兵隊)全てを活用する「迅速作戦展開統合編成隊(ＲＤＪＴＦ)」の創設を監督した。それから二年のうちにこの組織は、西南アジア、中央アジアならびにペルシャ湾における作戦を担当する中央司令部(ＣＥＮＴＣＯＭ)へと発展した。同時に、米海軍の駐留がペルシャ湾ならびにインド洋に拡大されたが、ある海軍史家はこのことを「第二次大戦後、これまでになかった拡大」と呼んでいる(19)。さらに時を同じくして、カーター政権の国家安全保障問題担当大統領補佐官ズビグネフ・ブレジンスキーが、アフガニスタンでソ連軍と戦っていたイスラム反乱軍への支援を開始したが、このことはその後、予想外の長期に及ぶ結果をもたらすことになった。この支援は主としてＣＩＡの活動を通して行われたが、この最高機密作戦の目的は、ブレジンスキー自身の言葉によれば、「ソ連をできるだけ長く出血させる」ことであった[20]。

カーターの後を継いだレーガンは、前任者であるカーターの政策をけなしながらも、実際にはこうした戦略を受け継ぎ、継続したのである。大統領選挙運動では、レーガンは、「どんなに異なった背景の、どんなに異なった宗教を信仰している人たちをも、我々の夢であるアメリカ再興という偉大な改革運動で一つにする」ことを約束したのである。さらに彼は、国家防衛を「混乱状態」に至らしめた政策を拒絶し、「アメリカ主義を輸出する良き仕事」を行う必要性を唱えたのであるが、これはヘンリー・ルースの亡霊が確実に喜ぶような主張であった。

レーガンが選挙運動で唱えた断固としたスローガンの一つは、最近の戦争を「我々が帝国主義的征服に熱中している侵略者」の証拠でもあるかのごとくアメリカ人に思わせる、「ベトナム症候群」を祓い清める必要がある、ということであった。ベトナム戦争は「真実、高潔な仕事」であったと彼は宣言し、ベトナム症候群は、実際は「北ベトナムの侵略者たち」によって作られたのであり、その目的は「彼らがベトナムの戦場で勝ち得なかったことを、ここアメリカの地のプロパガンダ合戦で獲得しようということなのだ」と主張したのである。選挙運動中、さらにレーガンは、ソ連が「一方的に核兵器を増強する」ことを許すような軍縮交渉を公然と非難し、「ソ連とその同胞諸国」は「減退するアメリカの軍事力を前に」自分たちの軍事力を拡大しているのだと世界に向けて警告し、我々が戦わなくてはならなくなった場合の「ソ連に打ち勝つ手段と決意」を再建することを誓ったのである[21]。しかも、大統領選に勝利した後、すぐさまレーガン政権は、カーター政権が外交政策のための誠実な方針として採用しようとしていた人権尊重に関する暫定措置を廃棄してしまった。

ソ連がアフガニスタンに侵攻したばかりの時だったので、共産主義拡大を非難するレーガンの主張は確かに説得力をもった。大統領になるや否や、レーガンは選挙運動中の公約を決然として実行に移し始めた。レーガンは海軍の所有艦船を六〇〇隻にまで拡大することを目標とし、実際、この目標達成に近いところまでいった(彼が大統領職を離れた一九八九年に五九一隻)。一九八七年には、年間国防予算は、一九八〇年の予算を約四割上回る額にまで増大し、なかでも軍需品調達予算は倍増した。新型兵器が生産されるようになり、その中には、精密誘導兵器やステルス性能を備えた戦闘機など、軍事革新において中心的な位置を占めるものが含まれていた。[22] また、一九八七年には、アメリカ軍のあらゆる部門を代表する精鋭部隊によって展開される秘密工作活動と不法工作活動を調整するための、特別作戦司令部(SOCOM)なるものを立ち上げた。

レーガン主義の下で、CIAは秘密工作活動を増加させた。「サイクロン作戦」と呼ばれたアフガン反乱兵への支援は、CIAの最も長く続いた介入の一つとして強化され、主としてパキスタンの秘密の(陸海空)軍部間諜報部局を使って行われた。この支援は、資金提供、反乱兵訓練、武器供与という形で行われ、サウジアラビア、イギリス、エジプト、中国(「中ソ対立」はその時も続行中)からの支援を補完した。一九八六年から一九八八年の間に行われた武器供与の中には、おそらく、ソ連軍のヘリコプター、ジェット機、輸送機などを攻撃する、肩にかけて使うスティンガー携行地対空ミサイル二三〇〇台が含まれていた。[23]

レーガン政権は、「ベトナム症候群」の象徴的な祓い清めをすることにも、時間を惜しまなかった。一九八三年秋、「抑えきれない激怒作戦」という作戦名で、左翼党派を巻き込んで政治的混乱に陥っていた、人口九万一〇〇〇人ばかりの小さな島国グレナダに、アメリカ軍を侵攻させた。アメリカ侵略軍は、〔レインジャー部隊、ネイビーシールズ、デルタフォース、海兵隊の〕四部門で編成された緊急展開特殊部隊(後年の、もっと正式な形の、特別作戦司令部の指揮による特殊作戦部隊の最初の形態)の総勢七三〇〇名の兵士であった。

戦闘は一〇月二五日から一二月一五日まで続いた。一一月二日に開かれた国連総会は、一〇八票対九票で、アメリカ軍による侵略を「目に余る国際法違反」と非難した。アメリカ軍の損失は死者一九名、破壊されたヘリコプター九台であった。グレナダ側の死者は一〇〇名弱と考えられ、その内訳は、四五名のグレナダ軍将兵、二五名のキューバの準軍事組織隊員、それに少なくとも二四名の市民であるが、その市民の犠牲者のうちの一八名は精神病院への誤爆で殺された人たちであった。アメリカ軍は最終的に、「抑えきれない激怒作戦」に参加した者のうち五〇〇〇名以上に、功績と武勇を讃えるメダルを授与した。

朝鮮戦争で勝利を収めることができず、ベトナム戦争では屈辱的な敗北を経験し、イランのイスラム革命では痛い思いをさせられ、グレナダ侵攻のたった二日前に、レバノンのベイルートにあった兵舎が自爆テロの攻撃を受けて二四一名の海兵隊員が殺害されたアメリカの大統領は、このちっぽけな勝利に歓喜して、「我々の軍隊は、今や立ち直り、堂々と立ち上がっている」と勝ち誇ったのである。この言葉は、ニューヨーク・タイムズ紙の第一面記事の見出しとして使われた(24)。

この「抑えきれない激怒作戦」よりもっと長く続き、多くの死者を出したのが、レーガン新政権のラテンアメリカ全域における「堂々と立ち上がっている」軍事介入であった。こうした介入が引き起こした人権配慮の放棄と、公然と行われた「反共」活動と秘密工作活動、すなわち代理戦争と代行テロが、次章のテーマである。

第5章　代理戦争と代行テロ

Proxy War and Surrogate Terror

中南米に対するアメリカの公然行為と秘密工作活動の両方の形での軍事介入は、長期にわたって行われ、しかも一般的には恥ずべきものであったが、その歴史は二〇世紀最初期にまで遡ることができる。第二次世界大戦より前には通常、アメリカは自国の経済利益を守るためと称して軍事侵略を行ったが、その結果、ニカラグア（一九一二―三三年）やハイチ（一九一五―三四年）のように長期にわたって軍事占領されたところもあった。冷戦期における介入は秘密工作活動という形が多かったが、しかし、それまでと同様に容赦のない暴力的なものであった。ラテンアメリカ経済史・国際関係史専攻の著名な研究者、ジョン・コウツワースは、一九四八年から一九九〇年の間に、アメリカ政府は「ラテンアメリカの少なくとも二四カ国の政府を確実に転覆させた」と述べており、「そのうちの四つはアメリカ軍を直接使って行い、三つはＣＩＡが誘導した革命または暗殺で、一七はアメリカの直接介入なしでその国の軍隊または警察を介入させて、通常は軍によるクーデターという形で行った」と説明して

いる。(1)

第二次世界大戦後に行った介入の中でも悪評高いケースは、民主主義的に選ばれたグアテマラ政府(一九五四年)、ブラジル政府(一九六四年)、チリ政府(一九七三年)の転覆である。しかし、一九五九年初めに独裁主義者フルヘンシオ・バティスタを政権の座から引き下ろしたキューバ革命は、アメリカ政府には如何ともしがたかった。この革命ほど、南を見る北アメリカの人間を悩ませ続けた政治事件はなかった。カリブ海におけるこのマルクス主義革命にさらに輪をかけた難題が起こったのは、ソ連がキューバにミサイルの設置をはかっていることをアメリカ合衆国が発見したこと、すなわち、一九六二年に驚愕すべき核ミサイル危機が起きたことであった。この時以来、ワシントンの政策立案者とラテンアメリカ全域の右翼同盟者たちは、「キューバと同じようなことが起きるのを防ぐため」という理由で、現状に批判的な人間、あるいは農村・都市両地域の貧困状態を少しでも改善しようと努力している人間は、闘志あふれるマルクス主義扇動者から社会主義者、ひいては自由主義者まで、誰であろうと全面的に弾圧することを正当化した。

一九六〇年代半ばに行われたアメリカ連邦議会調査は、「一九六〇年から一九六五年の間に、CIAの関与した[キューバの指導者]フィデル・カストロ暗殺計画が、少なくとも八回立てられたという具体的な証拠を発見」したと報告している。(2)これは、スパイ物が好きなメディアが流すニュースにとっては格好の調査発表であった。情報を入手したり事実を知るのがもっと難しかったのは、アメリカの国境から南に位置する警察国家の国々が常に反共という名目で、また常にアメリカ合衆国からの支援を得て、いろいろ違った背景を持った政府批判者を弾圧するために密かに協力し合っていたそのやり方についてであった。

アメリカがこうした支援を行うようになった決定的な時期は一九六三年で、ジョン・F・ケネディ政権が、もともとは一九四六年にパナマに違った名称で設置されていたアメリカ陸軍の「アメリカ学校（SOA）」に対し、南アメリカと中央アメリカ諸国の軍士官や警察に対諜報活動や対反乱活動に関する訓練を行う任務を課したことから始まった。このアメリカ学校での訓練は、ほとんどスペイン語で行われた。二〇世紀末までに、二二ないし二三カ国から参加した五万五〇〇〇人にのぼる軍士官と約一〇〇〇人の警察官ならびに民間人が、この学校で訓練を受けた。この学校の卒業生のうちかなりの数の者が、アルゼンチン、チリ、コロンビア、グアテマラ、ペルー、エルサルバドル、エクアドル、ホンジュラス、パナマ、ニカラグアで、「汚い戦争」を行う重要な指導者になった。時が経つにつれ、アメリカ学校は「暗殺学校」、「独裁者学校」、「クーデター学校」などという嘲笑的なアダ名で呼ばれるようになった(3)。

「汚い戦争」に味方するというのが、米ソ両国が世界のいたるところで展開した代理戦争の典型的なやり方で、いわゆる「冷戦期の長期平和」が実際にはズタズタになっていた理由である。ラテンアメリカではこの代理戦争は、独裁主義的な政権が「政府破壊活動に対抗」できるように、あるいは改革的な左翼政府の転覆をはかっている右翼活動のために、アメリカが、主として資金提供、訓練、組織運営に関する助言、武器供与、軍事情報提供などを行う形で進められた。かくしてアメリカ政府は、一方では国家テロを支援し、他方では国家に対する暴力とテロを支援していたことになる。

南アメリカで他国にまたがって展開された最高機密の国家支援によるテロ、「コンドル作戦」では、そういった独裁政権や右翼組織が、アメリカから秘密裏に支援されていた。一九六〇年代末から始まり一九七五年に強化されたこの「コンドル作戦」は、アルゼンチン、チリ、ウルグアイ、ブラジル、パラグアイ、ボリビアの「サザン・コーン諸国」と、後に加わったエクアドルとペルーの独裁政権の国々で行われた。その作戦には、国境を越えての情報共同収集、逮捕、誘拐、亡命者引渡し、尋問、拷問、暗殺、司法手続きを経ない処刑などが含まれていた。一九七〇年代、八〇年代の「コンドル作戦」下での活動では、無数の人が投獄され、その多くが拷問を受けるなどして、五万人から六万人にのぼる人が殺害されたか、もしくは「行方不明」になったと思われる。さらに、少なからぬ数の人たちが故国から逃れ、亡命者として人権保護活動を展開した(4)。

この国家間の共謀によるテロにおいては、武装した闘士やマルクス主義者を自認する者にとどまらず、既存の右翼政権を批判したり社会的正義を提唱する人間は、誰もがその攻撃目標にされた。攻撃目標は軍事政権が秘密裏に決めただけではなく、CIAやアメリカ学校が提供した訓練でも、実際にこうした攻撃目標が設定されていた。アメリカによるこうした監督指導の詳細は、一九八〇年代と九〇年代に暴露された複数の資料、すなわちメディアがそれらを全部まとめて「拷問手引書」と呼んだ資料で明らかにされている。

細かく記されたこれらの手引書の多くはスペイン語に翻訳されているが、その中では、政府批判者や反体制派の人間に汚名をきせるために、通常、彼らを「反乱者」や「ゲリラ」という言葉で呼んでいる。このことは、一九八七年に、スペイン語で行われたアメリカ学校の授業で使われた手引書『テロリズムと都市ゲリラ』に、「敵対的な組織やグループの具体例としては、準軍事的組織、労働組合、反体制派グループが挙げられる」と書かれていることからも明らかである。アメリカ学校で使われたもう一つの手引書『情報源の取り扱い』の中の、以下のような記述はもっとあからさまである。「対諜報活動機関は、いかなる組織もゲリラ支持者グループであり得ると考えるべきである。……様々な青年組織、労働組織、政治組織、ビジネス組織、社会組織、慈善組織の内部に情報提供者を潜み込ませ、メンバーの中にゲリラがいる組織を見つけることができる」。こうした手引書の中には、攻撃目標の範囲をもっと拡大した記述があり、その中には、難民、政党、農民組織、知識人、教師ならびに学生、大学、神父や修道女など、多くの人たちが含まれている。翻訳されたある拷問手引書の中には、攻撃目標グループとして、「貧困の原因を憂慮する、宗教関係者、労働組合員、学生グループその他の人間」という、憂慮すべき文章も見られる(5)。

レーガンが一九八一年に政権を握るや、現実の状況には冷淡な無関心を示しながら、この暴力的な世界には抑制のない感情的態度で対処した。実際には事実はそれとは違っているという証拠が多々あったにもかかわらず、敵は、モスクワから出される命令で、ソ連の弟子であるキューバが先鋒を務める、完全に統率された共産主義であると信じて止まなかった。一九八〇年代のアメリカの政策立案者たちが皆考えたように、レーガン政権も中央アメリカがとりわけ危険であると考えた。一九五四年のＣＩＡの画策によるクーデター以来、残虐な抑圧政策をとっていたグアテマラは、特別に注意しなければならない国と見なされた。エルサルバドルとニカラグアも、熱烈な対反乱活動の、状況によっては反乱活動の目標となる二カ国であった。エルサルバドルでは、どんな反対派をも拒絶する独裁政権を、「反共産主義」だという理由だけで支持した。ニカラグアでは状況は逆だった。ここでは、レーガン政権は、コントラと呼ばれる反政府勢力を育て支持するために、ほとんど狂信的と呼べるほどの努力をした。この反政府勢力とは、左翼のサンディニスタ政府に対抗してゲリラ活動を行っているテロリストのグループであった。サンディニスタ政府は、アメリカの支援により一九三六年に始まった、ソモサ一家による残虐な独裁政権を、一九七九年に強い民衆支持を得て打ち倒した政権であった。

中央アメリカでアメリカが行っていた秘密工作活動に関する機密資料や憂慮すべき内容の情報は、散発的に暴露されていたが、一九八〇年代半ばから九〇年代半ばにかけては、より頻繁に暴露されるようになった。その中で最も注目を浴びたのが、一九八六年に暴露された驚くべき(しかし、ひじょうに馬鹿げた)汚職事件、すなわちレーガン政権時代の「イラン・コントラ」事件であった。これは、ニカラグアの右翼の反政府勢力を支援する資金を作るために、イスラエルを仲介者にして、イスラム原理主義で反米主義のイランに、イラクとの戦争で必要な(アメリカ製)武器をアメリカが売りつけるという陰謀だったのである(当時、アメリカ合衆国はイラクにも武器提供を行って支援していた)。これと同じ時期に、上記のような政策資料とは直接関連していない、もっと低いレベルでの秘密工作活動に関してCIAやアメリカ学校が作った資料もまた話題になったが、これについてはもう人の記憶にはあまり残っていないようである。しかし、これらの資料によって、反共秘密工作活動を裏で支えていた思考方法がどんなものであったのかを垣間見ることができるし、それはまた、冷戦の最後の一〇年間に行われた「アメリカ主義の輸出」が、具体的にはどんなものであったのかを生々しく伝える、ケース・スタディ用の資料としても使える。

こうした資料の中で、初めて一般に知られるようになった重要な手引書は、CIAが作成し、コントラのためにスペイン語に翻訳したものである。元々の英語の題名は『ゲリラ戦における心理作戦』で、八九ページあるこの手引書が一九八四年にジャーナリストたちによって暴露されたことは、アメリカでは衝撃的な事件であった。例えば、雑誌『タイム』は、この手引書を「反乱に関する入門書――熱心に闘争に関与する方法」という見出しで紹介した後、内容について次のように描写した。「その「説得技術」のうちの幾つかは全く無害なもので、農民の収穫を手伝う、相手の考えを読み取る、衛生を改善する、などである。しかし、その一方で、暗殺、誘拐、恐喝、集団暴力など、決定的に残虐なものも含まれている。これは、ベトコンのため、あるいはキューバの支援を受けたエルサルバドルの叛徒のための手引書だと主張できるような内容のものである。もしこれが本当にそうした(共産主義者の)手引書だったならば、(レーガン)政権は、陰険で世界的なテロリズムの方法論に関する証拠だと、大いに言いふらすに違いないと思われる[6]」。

この『ゲリラ戦における心理作戦』を補完する形で、同じくCIAが一九八四年に作った冊子は漫画本で、ニカラグアに空から投下された。この漫画本の題名は『自由の闘士のための手引書』で、内容は、上記の悪質な『ゲリラ戦における心理作戦』と同様に、粗野で低劣なものであるが、低レベルでのテロ工作活動を促すものとしてやはり危険なものである。左翼サンディニスタ政権を転覆させるのに役立つかもしれないように、市民に公共物・民間物破壊を促す方法(ケーブル線切断、機械破壊、ガソリン・タンクに汚物や水を入れる、放火、農業用家畜を逃すなど)を数十個も挙げている[7]。

少し遅れて一九九〇年代に暴露された拷問手引書類は、スペイン語で書かれたアメリカ学校の七冊の教科書で、合計一一六九ページにもなる。これらの教科書は、一九八七年から一九九一年の間に、中南米の一一カ国の軍士官たちに配布され、アメリカ学校の教官たちにも用いられた。その内容は、カーター政権時代に一時的に配慮が払われた人権問題を、レーガン政権が無視してしまった一九八二年以来、アメリカ学校で使われてきた教材の内容を反映していた。アメリカ学校で使われたこれらの教材は、CIAが作成した二つの「対諜報活動」手引書によって補完されており、その一つは一九六三年の手引書で、もう一つは一九八三年のものであるが、基本的には一九六三年版と同じである(8)。

これらの拷問手引書の暴露は、アメリカ政府が秘密工作活動でどれほどひどく民主主義、人権、法の支配を無視していたかについて、その一端を明らかにするのに役立ったが、他の面でも明らかになったことがある。その一つは、いったい何が行われたのかについて、それをもっともらしく否定する対策が講じられていたという事実である。それは、歪曲表現と礼節尊重というごまかしを用いることで行われた。例えば、暗殺集団は「自由戦士部隊」と称され、「神、祖国と民主主義」のために戦うというようなスローガンが使われた。もっともらしく否定するという対策は、実際に自分たちが直接暴力を使うよりは、主としてCIAやアメリカ学校での教育を利用するというやり方でも行われた。そうした教育では、右翼の軍隊、準軍隊、警察に、いかに効果的に、潜入、尋問、拷問、テロなど、敵を「無力化させる」方法を用いるかについて教えていたわけであるが、外部の人間にはそうした事実に気づかせないようにするという手段が講じられていた。

こうした様々な手引書が暴露されるや、アメリカ政府は、いつもの「外交的取り繕い」を展開し、アメリカ学校の教育方針はアメリカの政策とは一致していないと宣言した。アメリカ学校の教科では、人権尊重を教えることも行われているらしいとも主張した。「不快で問題のある」一節は二十数カ所を超えるものではなく、いずれにせよ、「時代遅れの諜報活動関連資料」を使った、心得違いの若手の教官がおかした「間違い」以外の何物でもない、と説明したのである。つまり、問題のある箇所は単なる「見落とし」によるものとされてしまった。拷問を勧めたり実践したりしたのは、「ほんの一握りの人物」であり、いずれにせよ、「やり過ぎ」は「修正」されたと発表されたのである。(9)

情報操作はいつも危険だが、この場合も陰険であった。手引書は実際、こと細かに非道なやり方について説明しており、読むのが苦しいくらいである。アメリカ学校の教官が強調し、学生たちが最も注目したのは、まさにこれらの教材が拷問手引書と呼ばれるゆえんであるその内容であった。この事実は、元は秘密工作活動員で、(核兵器支持者であったことを悔いて反核を唱えるようになった人や、CIAスパイであったことを悔いてその活動の詳細を暴露した人たちと同じように)最終的に冷戦心理から脱却したジョセフ・ブレアー少佐の証言によって確認することができる。ブレアーは、ベトナム戦争時代、CIAが主導するフェニックス暗殺計画を管理する重要な職務についており、一九八〇年代初期にアメリカ学校に異動となり、問題の教材を作成した人物を手伝う仕事に携わった。彼は一九八九年に退職し、一九九七年にこの問題でインタヴューを受けたが、そのインタヴューで、「諜報技術としてベトナム戦争期に使った方法を、主として手引書にも使った。その技術には、殺人、暗殺、拷問、恐喝、冤罪での投獄が含まれていた」と述べた。

一〇〇〇ページを超えるアメリカ学校の手引書の中で、問題の箇所はほんのごく一部にしか過ぎないという政府の説明に関しては、ブレアーは、「諜報関連の教科を教える教官たちは、七冊の手引書の中に含まれる最悪のケースを教材として使う学課計画を立てていた。ところが彼らは、アメリカの法に明らかに違反する箇所は八つから一二の文章に過ぎなかったと主張している。実際には、彼らが指摘するそれらの箇所は、諜報教育のまさに核心部分だったのだ」と述べた。アメリカ学校の教官たちは人権問題についても教えているというアメリカ政府の主張に関しては、ブレアーは、それは実際にはほんの数時間にしか過ぎず、教官も学生も完全に「冗談」としてしか見なしていないと述べた。(10)

ブレアーが説明したように、CIAとアメリカ学校が「対諜報活動」と「対反乱活動」の教育で教えた内容の多くが、一九五〇年代と六〇年代にCIAが作った資料を基本的には修正したものであった。一九六三年作成の『クバーク――対諜報活動としての尋問』(クバークはCIAを意味する暗号)と題された手引書は、大学院生の論文のようなタイプ印刷のもので、一二八ページの長さのものである。長い注釈付きの参考文献一覧がついたこの手引書は、できるだけ強制しないで、しかし必要ならば強制的に、いかに効果的に人間の精神的脆弱性を利用するかに関する、最新の心理学的・精神医学的な研究結果をまとめたものであった(この一見学問的に見える資料は、その独特な意味で、「応用」社会科学を戦争に活用するという、第二次世界大戦の遺産であった)。(11)

一九六三年の『クバーク』とその一九八三年改訂版である『人的資源活用訓練手引書』では、両方ともに、「非強制的」と「強制的」な対諜報活動技術に関する詳しい各章が含まれている。一九六三年版の手引書では、「強制的」な対諜報活動技術については、以下のような方法を使うことを簡潔に結論づけている。「逮捕、監禁、独房監禁または同じような方法による感覚的刺激の剝奪、脅迫と不安、身体的衰弱、苦痛、強度の暗示または催眠術、[麻薬による]昏睡状態、心理的退行の誘引」。

上記のような強制技術とそれらに関する説明は、一九八三年版でも再度行われているが、実は、一九六三年の原典で使われているものはほとんど全て一九八三年版にも使われている。原典に興味のある者にとっては、国防総省が最終的に公開した一九八三年版は、たいへん奇妙な内容のものである。修正については、元の文章が完全に読み取れる形で、手書きの修正がたくさん書き込まれており、元のひどい箇所が浮き彫りになっているのである。修正後の手引書には、「強制力利用の禁止」と題された新しい序文が付けられており、そこには「尋問のために強制力の利用、精神的虐待、脅迫、侮辱、または不快で非人間的な処遇を与えることはどんな形であれ」違法であり、しばしば逆効果でもあると記されている。ところが、強制技術に関する解説が、この序文に続いて詳しく書かれているのである。

修正箇所の多くは、皮肉にも滑稽である。例えば、修正前の一九八三年版の冒頭のページでは、「強制技術の利用の重要性を我々は強調はしないが、そうした技術があることを認識し、またそれらを適切に使う方法についても知っておいてもらいたい」と書かれている。鉛筆で加えられた修正では、この部分は、「強制技術を我々は非難するが、その内容については、そうした方法を使わないためにも知っておいてもらいたい」と変更されている。同様に、「強制「尋問」技術」と題された箇所も、修正後には「強制「尋問」技術と、そのような技術を使ってはならない理由」と変更されている。

変更がうわべだけのものであることは、修正された文章を見てみれば誰の目にも明らかであり、尋問技術が一九六〇年代から八〇年代へと受け継がれたことは明白である。一九六三年版と一九八三年版の両方の手引書のあちこちに、以下のような方法についての解説が含まれている。逮捕した人間に目隠しをして手錠をかける、裸にする、「身体にある全ての穴を含む」全身検査を行う、身体に合わない檻房服を着せる、外部と接触させずに閉じ込める、家族に危害を加えると脅かす、食事や睡眠を与えずにトイレにも行かせない、熱暑・極寒・高湿度にさらす、独房――しばしば灯のない独房――に監禁する、長時間直立不動で起立させたままにする、等々。しかし、一九六三年版の原典でさえ、過剰に身体を衰退させたり苦痛を与えたりすることは逆効果であり、嘘の告白につながることを警告している。

一九六三年版手引書は、尋問が以下のような場合には、上層部からの許可を得なければならないことを強調している。「身体的傷害が加えられる場合」、「要求に同意させるために、医学的・化学的・電気的方法または物質を使う場合」、「監禁がその地では違法である場合」、監禁がCIAによって行われたことが追跡調査される可能性がある場合、である。もっと具体的に、「電流が使われる場合、変圧器やその他の緩和器具が必要な時にはすぐ使えるように、前もって報告しておくこと」という指導解説もある(一九八一年、ウルグアイの諜報部員は、彼が見た訓練手引書には、電気ショック拷問で電極を当てる場所として、三五カ所にのぼる神経部分のリストが載っていたと報告している。アメリカ学校の初期のある卒業生は、出席した授業では、教室に「通りで歩いていた者たち」を連れ込み、緑色の軍労務服を着たアメリカ人の医者が身体のどこに神経末端部分があるかを説明し、どの部分を拷問すべきか、また相手を殺さずにおくには、どの部分は拷問してはならないかを実演してみせたと述べている)[12]。

一九六三年の『クバーク』とその一九八三年改訂版である『人的資源活用訓練手引書』は、一九八二年から一九九一年の間にアメリカ学校で使われた手引書と同様に、アメリカの同盟国である南方の警察諸国家を批判する者たちを見つけ出し、監禁・尋問し、批判をやめさせる方法に関する教練書であった。これとは逆に、CIAが反政府分子コントラのために作成し、一九八四年になって暴露された『ゲリラ戦における心理作戦』では、教育の対象となったのはゲリラや反乱者であった。この冊子の中の「暗黙的・明示的テロ」、「宣伝効果をあげる暴力の選択的な利用」といった項目題名からだけでも、これで何が教えられたのか分かるであろう。

この冊子には、「武装したゲリラ軍は、紛争で中立的あるいは比較的受動的な立場にある町全体ないしは小都市を占領できる」と記されている。さらに、このゲリラ軍は、軍や警察の設備を破壊し、通信網を切断し、奇襲団を設置し、全ての政府官僚と役人を「誘拐」すべきだと書かれている。「一般的な規則としては、軍の宣伝部隊は実際の戦闘に加わることを避けるべきである。しかし、それが避けられない場合には、ゲリラ部隊として動き、攻撃的な武器で敵にできるだけの死傷者を出し、敵の武器も捕獲した上で、すばやく退却するという、「攻撃してすばやく逃げる《ヒット・エンド・ラン》」戦術をとるべきである」とも勧めている。

また、この『ゲリラ戦における心理作戦』は、第二次世界大戦開戦時にナチスが使った「第五列部隊」戦術をまねることを提唱している。「第五列部隊」戦術とは、ドイツ軍がポーランド、ベルギー、オランダ、フランス、ノルウェーに侵略する前に行った侵入活動と政府転覆活動のことである。必要ならば、「特定の「仕事」」を遂行するために「プロの犯罪人」を雇うこともすべきである、とまで助言している。また別の場合には、「大義のために死ぬ「殉教者」を創り出す」ような闘争を引き起こすことも望ましい、とも述べている。コントラたちは、「大衆が集まっている場所や集会に奇襲部隊を送り込み、この奇襲部隊は武器(ナイフ、カミソリ、鎖、棍棒)を持って、無知でだまされやすい参加者の少し後から行進すること」も勧められている。

拷問手引書の中で、攻撃目標を「無力化する」と書かれているとき、それは殺害を遠回しに表現しているものであると通常は理解されていた。アメリカ軍の秘密行動が、ラテンアメリカの「汚れた戦争」に特徴的な、残虐な拷問、暗殺集団、大量虐殺、「行方不明」に直接参加したという証拠はなにもないが、しかし、ただそうした活動を助長し支援しただけだったという証拠もない。同時に、アメリカがこうした戦争でどちらか一方に味方し、「反共産主義」戦闘集団を訓練し、彼らに物質的な支援を行ってきた中で、人権問題や法の支配に真剣に注意を払ったという証拠もほとんど存在しない。中南米諸国のほとんどの国で、アメリカ政府は、国家テロを行う右翼政権を支援した。ニカラグアでは、政府に対して殺人的な「ゲリラ」テロ活動を行うようコントラを扇動した。かくして、代理戦争、代行テロ、人権無視、それどころか通常あるべき姿としての人間行動の否定、これらは全部同時に行われたのである。

＊

いつものことではあるが、こうした暴力がどれほどの被害をもたらしたのか、その正確な損害を量的に示すことは不可能である。中南米社会にとって、その政治的・文化的・精神的損害は、膨大であったし、ある程度は現在でもそうである。『ケンブリッジ版冷戦史叢書』の中でジョン・コウツワースは、ニカラグアのコントラ反乱活動によってニカラグアの経済が荒廃し、政府はその社会政策を実施することができなくなり、「三万人のニカラグア人——そのほとんどがサンディニスタ革命の支持者——の命が失われた」と記述している。また、エルサルバドルでは、一九七九年から一九八四年の間にほぼ四万人が死亡しているが、そのほとんどが武器を持たない人たちで、武装軍によって殺害された人たちであるとも記している。

コウツワースは、一九八二年にレーガン大統領がグアテマラシティを訪れた際に、グアテマラ新政権が共産主義の脅威から国を守ろうとしているその覚悟のほどを褒め称えたことにも触れている。そのグアテマラ政府は、一九八二年と八三年だけで、八〇万人という数の農民を「市民警備団」に参加するよう強制し、彼らに反乱者を見つけ出して殺させたり、その共同体を破壊することを命じた。その結果、推定数六八六の村落が破壊され、五万人から七万人の人たちが殺された。

コウツワースの推定によれば、冷戦は、総人口三〇〇〇万の中米に約三〇万人の死者をもたらし、その上、一〇〇万の難民を生み出し、そのほとんどがアメリカ合衆国に逃げ移った。コウツワースは、CIAならびにアメリカ国務省が発表した資料とその他の共産政権に非同情的な関連資料を分析した結果、次のような結論に達している。「ソ連がスターリン時代の強制収容所をすでに解体していた一九六〇年とソ連が崩壊期にあった一九九〇年の間に、ラテンアメリカの政治犯、拷問の被害者、処刑された非暴力的反体制活動家の数は、ソ連ならびにその東欧の衛星諸国における被害者総数をはるかに超える。換言すれば、犠牲者の人間の数という点から見れば、一九六〇年から一九九〇年の間、ソ連圏全体のほうが、多くのラテンアメリカ諸国の国々よりも、政治的に抑圧的でなかったと言えるのである(13)」。

もちろん、これによって、ソ連が行った暴力と抑圧政治の重層的な恐怖がなかったということにはならないが、それらの状況を総体的に展望するのには役立つ。

第6章　世界の旧体制と新体制　一九九〇年代

New and Old World Orders: the 1990s

二〇世紀最後の一〇年間、アメリカ合衆国は、一九四五年以来経験しなかったような自信の高まりと祝福を享受した。その最大の理由は、ソ連の崩壊によってアメリカが世界の「唯一の超大国」になったということであった。その上、この勝利感が、お祝い気分をさらに盛り上げる相互に関連した二つの出来事と重なった。

一つは、一九九一年の短期間の湾岸戦争での見事な勝利であり、アメリカが主導した多国籍軍がイラク軍と戦ったこの戦争で、多国籍軍側はわずかな死傷者しか出さなかった。その七年前のグレナダ戦争とは全く対照的に、この時は、大々的な軍事行動であった。アメリカ政府は、多くのアラブ諸国を含む三四カ国からなる多国籍軍を主導したのであるが、これは第二次世界大戦以来、最大の国際的同盟軍であった。この紛争では敵味方双方が大量の兵士を動員し、多国籍軍側が七〇万人近い兵員数(そのうち五〇万人以上がアメリカ兵)であったのに対し、イラク側は数十万人という兵員数であった。

この戦争は、多国籍軍側の極端に一方的な勝利で終わった。五カ月半にわたるサウジアラビア国内外における戦争準備期間を除いて、「デザート・ストーム(砂嵐)」と呼ばれた実際の戦闘作戦には、一月一七日から二月二八日までのわずか四三日を要しただけであった。まずはアメリカ軍主導の多国籍空軍が、ほとんど反撃を受けずにイラクに対して空爆を行い、それに続いて(二月二三日から二七日までの)「一〇〇時間陸上戦闘」が行われ、敗走中のイラク軍部隊の「死のハイウェイ」という灼熱の地獄で終わりを見た。この戦争は、アメリカ戦史上の公式名称が示しているごとく、文字通り「旋風戦争」であった。(1)

お祝い気分の盛り上がりのもう一つの理由は、コンピューター即時応答という「軍事革新」がこの戦争で見られたことで、このことが、疑問の余地がないアメリカの物質的優位性の決定的な確認と同時に起きたことである。この戦争は、軍事評論家たちが述べたように、軍事技術の決定的な移行期であった。第二次世界大戦以降の戦争を特徴づけていた「工業戦争」と、コンピューター誘導装置のない比較的低技術の(いわゆる「愚鈍な」)爆弾から、レーダー探知が難しい飛行機や精密誘導機能がつけられた(「賢い」)武器のように、驚くほど見事に進化した兵器への移行期だったのである。(2)

この革新はいまだ発展段階にあったが、すでに様々な点で具体的に目に見える形のものになっていた。それは実際、優れてテレビ放送向きのもので、戦争を四六時中報道するメディアによって、湾岸戦争は、あたかもビデオゲームかハリウッド映画のシーン、スポーツの試合の実況放送のように報道された(あるテレビ放送は、光学機器レンズを使ったアメリカ軍爆撃機が十字線に照準を合わせた、ハイテクによる攻撃目標設定の映像をそのまま放送した)。宇宙空間ならびにサイバースペースが、これまでの地・

海・空という軍事活動領域と同じくらい決定的に重要な領域となった。人工衛星、レーザー光線、マイクロコンピューターが、レーザー光線誘導爆弾を含む精密誘導兵器を攻撃目標へと誘導するようになり、ステルス戦略爆撃機がイラクのレーダーをくぐり抜けた。赤外線暗視技術によって暗闇でも見えるようになり、全地球測位システム(GPS)が、戦場を、アメリカの軍事専門用語で「戦闘スペース」とか「デジタル化された戦場」と呼ぶような概念にする上で大きく貢献した。日常会話の中で、湾岸戦争はしばしば「コンピューター戦争」とも呼ばれるようになったのである(3)。

後日この「戦争における革新」を総括したシンクタンクの資料によると、こうした技術変革は一〇項目にわたる「核心的軍事能力」の目覚ましい促進を伴うものであった。それらは認識性、相互通信能力、射程距離、耐久性、精密性、小型化、高速性、探知防御能力、自動性、仮想現実化性である。デジタル革命で可能になった「精密攻撃戦闘」の驚異的な進化という現象は、主として空軍力とその他の残虐非道な手段の形で、圧倒的軍事力を維持し活用する必要があるという、国防総省のそれまでの信念を変えるものではなかった。それは、敵に対する「非対称的な技術的優位性」を確保し維持することが変わらぬ任務であるという第二次大戦後の根本的な考えに、新しいレベルの技術的精巧性を単に付け加えるという、中毒的性癖と呼べるような現象であった(4)。

しかし、それから一〇年ほど後に、単純な武器だけを携行する非国家組織テロリストや軍服を着用しない反乱軍が、精巧な武器で武装したアメリカ軍に見事に挑戦するようになると、この「非対称的」という考えとその厳しい現実の複雑さがアメリカの戦闘員たちを再び悩ませるようになる。しかしそれまでは、いやそれ以後でさえ、技術的優位性を維持し強化する終わりのない追求が、戦争計画作成者たちを魅惑し続けた。

*

しかしながら、軍事革新は、その熱烈な提唱者たちが主張したほど革新的なものでもなかった。「スマート爆弾」や「精密攻撃」がニュースの見出しを賑わせていたこの時期、精密誘導爆弾は、湾岸戦争で使われた爆弾のうちのわずか七―八パーセントに過ぎなかった（精密誘導爆弾は一万七〇〇〇発使われたのに対し、消費された非誘導爆弾の数は二一万発であった）。勝利は、伝統的なアメリカの戦争方法、すなわち大規模の空軍ならびにいまだに陸軍力に大きく依存していたのである。誘導装置を持たない、いわゆる「愚鈍な」兵器には、「クラスター爆弾」（約四万平方メートル以上の範囲に無数の「小型爆弾」が撒かれるこの爆弾は、ベトナム戦争で悪評高いものとなった）、「デイジー・カッター爆弾」（半径約五五〇メートルの圏内にあるものは全て破壊する能力を持つ、一発六・八トンの重さの強力爆弾で、同じくベトナム戦争で悪評を得た）や、戦車などの装甲車を貫通する「劣化ウラン弾」といった、問題視されている爆弾が含まれている。

上陸部隊が戦闘を展開する一カ月前から、空爆とミサイル攻撃がイラクの軍事施設と民間施設の両方を粉砕したが、これには（アメリカ空軍搭乗員の八五パーセントを動員した）一一万六〇〇〇回に及ぶ戦闘機・爆撃機とヘリコプターの出撃が含まれていた。多国籍軍側の損失はアメリカ軍の六三機とその他の諸国の軍の一二機、そのうち実戦で破壊されたのは四二機にとどまり、あとは事故での損失であった。この攻撃に使われた爆弾量（八万八五〇〇トン）は、一九四五年に日本に投下された爆弾量のほぼ半分の量であり、民間用あるいは軍民両用の施設の破壊、とりわけバグダットの施設の破壊は徹底したものであった。一旦空軍がその任務を終えると、「新世代の戦車」やヘリコプターなどを駆使する陸上部隊がイラク陸軍に対して最後の一撃を与えるために出動し、圧倒的な破壊力の「一〇〇時間戦闘」で戦争を終わらせた(5)。

その数年後、あるフランスの外交官が、アメリカの雑誌『フォーリン・アフェアーズ』に以下のような文章を寄稿して、イラクの普通の市民にとっては理解しがたい多国籍軍による、その凄まじい破壊の正当化、すなわち「イラクの経済基盤と産業施設を組織的に破壊または破損するために空軍力を使う、多国籍軍の根拠」について疑問を呈した。破壊されたのは「発電所(発電力の九二パーセント)、精油所(生産能力の八〇パーセント)、石油化学コンビナート、主要電信施設(一三五カ所の電話連絡網を含む)、橋(一〇〇カ所以上)、道路、高速道路、鉄道、数百にのぼる機関車と貨物を満載した貨車、ラジオ・テレビ放送局、セメント製造工場、さらにはアルミニウム、織物、電気ケーブル、医薬品などを製造する各種工場」であった。

この外交官は、こうした破壊がもたらした被害の一例として「発電所が破壊されたことで、イラク市民は飲料水が入手できなくなり、農業灌漑用水を汲みあげるポンプ施設が機能しなくなり、下水処理システムも働かなくなった。生ゴミと瓦礫がたまり、ネズミが繁殖して伝染病が広がった。発電機のない病院は手術をすることもできなくなった」と述べている(6)。

同じような批判が他からも、とりわけ政治的には左翼系の人たちからあがった。これに対するアメリカ政府の公式の応答は二つであった。一つは、イラクは破壊から急速に立ち直ることができたというもの。もう一つは、多国籍軍側の攻撃は、市民や非戦闘員を巻き込むような「付随的損害」を出さないように、ひじょうに注意を払ったことを強調したものであった。実際、アメリカ空軍の概要報告は、「戦争の遂行において「死傷者を減らすこと」を望ましいものとする傾向」が実際に確認されたとしているくらいである。(7)

「死傷者を減らすこと」というのは、軍事作戦立案者たちの間や広報外交では、誇張と見なされかねない域に達していた。第二次世界大戦や、朝鮮やベトナムでアメリカが行った戦争での戦略爆撃を特徴づけていた無差別絨毯爆撃政策とは、根本的に違うのだという見方が反映されるようになったのである。多国籍軍側にすれば、確かにそうした傾向が見られ、そのような見解は、暴力が減少したという主張にとって極めて有利な材料になっている。湾岸戦争における死亡者数は、戦闘で死亡したアメリカ軍兵士は一四八名で、その中には友軍の誤射での死亡者三五名が含まれ、その他に爆発事故など戦闘とは直接関係のない事故での死亡者が一五〇名ほどいた。その他の多国籍軍側の死亡者数は、イラク軍が侵略したクウェートでの死亡者数を除き、全部で一〇〇名以下であった。(8)

イラク側の推定死亡者数には様々な数字が挙げられているが、一般的には、過去の大規模戦争と比較してそれほど多いというわけでもない。ある時点で、イラク政府自身は空爆による直接の市民の死亡者数をひじょうに少なく見積もって、二二七八人という信じがたい数字を出していた。戦闘での死亡者数に関する推定のほとんどは、二万人から三万五〇〇〇人という数字を挙げている。しかし、ここで再び問題となるのは、戦争が広範囲にかつ長期にわたって市民を死に至らしめる影響である。一九九三年に出版された、アメリカのある人口統計学者の研究によると、イラクにおける死亡者総数は二〇万五〇〇〇人にのぼる可能性があるという結論となっている（その内訳は、戦闘で殺害された兵士五万六〇〇〇人、市民三五〇〇人、戦争が終わったすぐ後にアメリカ政府がけしかけたが、結局支援はしなかったクルド人とシーア派の暴動の中で殺害された三万五〇〇〇人、電力送電網、下水道と浄水施設、健康管理関連施設、国内道路と輸送網などが被った損害に起因する「戦後の健康への悪影響」からの死亡者一一万一〇〇〇人）。この計算によると、戦争に起因する健康への悪影響で亡くなった者のうち七万人が一五歳以下の子どもであり、八五〇〇人が六五歳以上の老人であった(9)。

*

湾岸戦争での決定的と見なされた勝利は、大多数のアメリカ人に自信過剰に基づく幸福感のみならず、歴史浄罪意識を植え付けた。例えば、それから二〇年後に出版されたアメリカ陸軍パンフレットの冒頭にも、湾岸戦争での「圧倒的成功は、中東のみならず世界いたるところにおけるアメリカ合衆国の外交政策に関する、我々の自信と決断力を復活させた」という主張が載せられた。この復活の歴史的意味は、このパンフレットの中の、以下の文章からも明らかである。「冷戦終焉期のアメリカ陸軍は、その二〇年前のベトナム戦争敗北の痛みを受けた直後の組織とは全く異なったものとなっていた(10)」。

この言葉は、グレナダ侵攻直後にレーガン大統領が述べた「堂々と立ち上がっている」という虚勢の反復とも言えるものであるが、しかし今回は、大量の兵員と大規模な軍事力を使った大勝利によって、不安定な誇りが強固な誇りに変わっていたのである。レーガンの継承者であるジョージ・H・

W・ブッシュ大統領は、イラク陸軍の敗走直後の一九九一年三月初旬に、「ベトナムよさらば」というお題目を繰り返し述べた。そのような意味を表す言葉は二回の別々の演説で使われ、異なった表現であったが中身は同じである。最初は三月一日、首都ワシントンの少人数の前での「神よ、我々はベトナム症候群を完全に打ち破った」という発言。そして翌日の、ペルシャ湾にいるアメリカ軍兵に向けてのラジオ演説でなされた、「ベトナムの亡霊は、アラビア半島の砂漠の砂の中に永久に埋められてしまった」という有名な発言である。(11)

ソヴィエト連邦の崩壊と同時期に起きたこの戦争勝利熱によって、ヘンリー・ルースが「アメリカの世紀」という展望を唱えてから五〇年後に、今やアメリカ合衆国が本当にそれを手にしているという自信が強固にされた。ブッシュ大統領は、サダム・フセイン軍がまだ敗北していないのに、こうした見解を放送を通じて主張し始めたのである。イラク軍がクウェートに侵略してから五週間少々経った一九九〇年九月一一日、その四カ月後にはこの危機がデザート・ストーム作戦の展開にまで発展したわけであるが、この日、ブッシュ大統領は連邦議会の上下両院合同議会で演説し、戦争準備について、「テロの脅威からより安全で、正義追求という面でもより強く、平和の探求でもより確実な……新世界秩序」の構築を目指す上で、アメリカが指導的役割を担う好機であると述べた。彼は、一九九一年一月一六日に多国籍軍によるイラクへの最初の空爆攻撃を宣言した折にも、このビジョンについて再び言及した。さらに一月二九日の一般教書演説でも、ブッシュ大統領は「平和、安全、自由、法による統治」が支配する新世界秩序という夢を語った。(12)

一九九〇年代を通して、アメリカの「新世界秩序」という理論的枠組みは、いくつか重複する形の軍事主導権という点で実践された。一九九〇年以前にもそうした傾向はすでに見られたのであるが、冷戦と湾岸戦争における二重の勝利がその傾向を新しいレベルへと加速させたのである。その一つは、湾岸戦争の経験に基づき、軍事面での技術ならびに組織運営における改革で可能なものは全て実現するという、軍のあらゆる部門での集中的努力である。二つめは、中東のような問題のある地域に注目しながら、冷戦後の世界におけるアメリカの世界的規模での戦略を再定義するというものである。これには、準軍事的な特別組織を発展させ、世界に散在する「軍事基地帝国」を構築し、陰陽両手段による海外での「介入」を持続するのみならず、加速させるという活動が含まれていた。

同時にこの一九九〇年代は、核抑止論が大きく修正された時期でもあった。それは、部分的には、アメリカと旧ソ連の間で注目すべき核兵器削減をもたらすものであった。しかし、別の局面では、アメリカの核兵器が、誰に対して何を抑止するのかを再定義することも含んでいた。結局、新しい核戦略は、アメリカ合衆国のみならず、核拡散しつつある「核兵器保有国クラブ」の他のメンバー国による既存の貯蔵核兵器の「現代化」という行動を生み出した。

この比較的に楽観的な一〇年間における、アメリカ国防総省の計画立案者たちによる技術重視、戦略構築、作戦発案は、きわめて高度で精密なものであった。軍事革新という面に関する限り、それは軍独自の用語や大量の略語という難解で危険なものを生み出した。しかし現実には、一九九一年の「コンピューター戦争」におけるコンピューター・ネットワークは、戦場における軍の結束と「情報相互運用性」を確実にするという点では、その効果はきわめて弱かった。よく使われている軍の隠喩である「ストーブ煙突化」という表現が示しているように、その運用は、いまだ各セクションのデジタル・プラットフォームとネットワークだけにとどまっていた。

したがって、そうした各セクションによる細分化という状況を正すために、理論的・実践的知識の大部分は、「ネットワークを中心とする戦闘」の洗練化と各「コンピューター・システム」を連結する包括的システム（情報システムのシステム化）を作り上げることに充てられていた。「C4I／SR」が重要な頭字語になったが、それは「命令、統制、通信、コンピューター、情報収集」に加えて監視と偵察を統合する能力を開発することを意味するものであった。「超高度人工衛星アーキテクチャー（HASA）」は、デジタル戦場における情報相互運用可能性を確実にする上で不可欠なものであった。「宇宙に基地を置く赤外線システム（SBIR）」や一般的にはドローンと呼ばれている「無人航空機（UAV）」も同じく重要なものとなった。[13]

軍のあらゆる部門が、一九九〇年代初期にキャッチフレーズとなった「戦士のためのC4I」ならびに「二一世紀のためのC4I」というプログラムを練り上げ、導入することに専念した。例えば、海軍と海兵隊は「コペルニクス」というプロジェクト名の下でこれを行った。一方、陸軍のこの部門の戦略は「エンタープライズ（冒険的事業）」と呼ばれ、空軍は「ホライゾン（地平線）」と名づけた。しかしながら、統合参謀本部が出した二つの戦略報告書でしばしば使われて強調された「全面領域支配」というスローガンほど反響を呼んだものはなかった。その二つの報告書とは、一九九六年七月に出された『二〇一〇統合ビジョン』と、二〇〇〇年五月に出されたその改訂版『二〇二〇統合ビジョン』である。

一九九六年版では、「二一世紀に我々が軍に求める核心的特徴は「全面領域支配である」と主張されている。『二〇二〇統合ビジョン』はこれを次のような文章で簡潔に説明している。「全面領域支配という名称は、アメリカ軍が、特定の状況に適合するように編成する軍組織で、即時に、持続的かつ同時的な作戦行動を展開することができることであり、それはまた、宇宙、海洋、陸、空、ならびに情報のあらゆる分野で自由に作戦を展開できることである(14)」。

＊

一九九六年、ある大学のシステム分析学者が、戦場がデジタル化されることへの強い期待を込めて、「過去においては、戦闘における成功の鍵は兵器の最良の利用であった……近い将来における統合作戦の成功の鍵は、しばしば情報の最良の利用になるであろう」と述べている。同時期、海軍のある戦略専門の高級士官は、新世界秩序におけるアメリカ軍の考え方に潜む希望と怖れを次のように捉えている。「情報システムのシステム化と軍事革新によって、近い将来、最初の一撃で細くてひじょうに鋭い槍で敵の頸静脈を突き刺すような確実性が可能となる」。その一方で、この高級士官は、「自国に匹敵する競争相手」であったソ連が消滅して以来、「ますます不確かで危険な状況となっている世界」の「戦場の霧〔戦闘における不確定要素〕」に関して思考をめぐらしているが、そうした世界とは、これまでの国家間の同盟(alliance)といった強い関係と並行する形で、あるいはそれに取って代わる形で、国家間のゆるやかな連携(coalition)といった形態が支配的になる世界であると考えている(15)。

楽観主義と不安のこのような混在は、実際には、一九九〇年代に広く見られた現象であった。表向きは、平和と安全保障のための新世界秩序に対する賛美が行われていた一方で、国防総省の中堅の政策立案者たちは、少数の民間知識人の声に助けられて、無秩序の陰惨な世界に注意を払うことを提唱していた。これらの軍事戦略家や地政学専門家にとっては、二極支配とイデオロギーの明白な対抗という冷戦の終焉は、平和と安全をもたらしたというよりは、むしろ、世界を混沌状態、いやそれどころか無秩序状態にしたと考えられたのである。

こうした考えは、公共の場では、サミュエル・ハンティントンの『文明の衝突』(一九九三年)、ロバート・カプランの『来るべき無政府状態』(一九九四年)、ラルフ・ピーターズの『新しい戦士階級』(一九九四年)といった人目を引く題名の著書によって広められた。これらの著作ではいずれも、表現の仕方は異なっていても、中央政府の崩壊、宗教的な暴力、民族間・部族間の暴力(これらの暴力にはテロ攻撃も含まれる)、とりわけ第三世界、特に中東におけるそうした現象が取り上げられて議論されていた。

冷戦終焉後に軍内部の分析者たちが執筆したものも、同じように、不安と不吉な予感にとらわれているものが多かった。それらの文章には、「グローバル崩壊」、「燃焼性真空状態」、「低強度紛争」、「不確実地域現象」、「戦争に至らない軍事行動」等々の用語が頻繁に使われている。一九九四年に作成された陸軍の訓練用冊子『XXI軍事行動』では、二一世紀に起きる可能性のある様々な種類の脅威が取り上げられており、その中には、「非国家的」存在による脅威が含まれている。「非国家的」存在は、さらに「低次国家、非国家的国家、抽象的国家」といった極めて難解な三種類に区分されている。一九九〇年代半ばに、海兵隊少将マイク・ミヤットが著し、重要視された『沿岸地域の無秩序』は、「大惨事の危険性」として自然災害、国家崩壊、人口移動の大混乱、人道危機、さらには「核兵

器、生物・化学兵器による危機、あるいは前代未聞の大規模な環境大惨事の可能性」を予測している。(16)

実際には、最先端の技術が開発されながらも、それまで通りの既存の形での軍事介入が続けられた。例えば、ある学術的な計算によると、アメリカ合衆国は、第二次世界大戦終結から二〇〇二年までの五七年の間に大小様々の二六三回にのぼる戦闘を行っており、そのうち一九九一年以前に行われたものはその三分の一にしかならない。つまり、一七六回の軍事行動は一九九一年から二〇〇二年の一二年の間にとられているのであるが、しばしば、それらは国連あるいはNATOの、ときにはその両方の共同の行動として、平和維持という名目のもとに行われた。こうした介入のうちの幾つかのケースはきわめて劇的なもので、それらが全て、アメリカならびにアメリカと共同行動をとった国々に対する友好感情を残したわけではない。(17) ウェストポイント士官学校卒業生でベトナム戦争経験者である、アンドリュー・ベイスビックのような批判的な学者たちがすでに指摘しているように、一九八〇年から9・11事件の間に、アメリカ軍は多くのイスラム諸国（イラン、リビア、レバノン、イラク、クウェート、ソマリア、ボスニア、サウジアラビア、アフガニスタン、スーダン、コソボ、イエメン）に「侵略または占領、あるいは空爆」を行っているのである。(18)

こうした海外での軍事行動の当然の結果として作り出されたのが、CIAのコンサルタントを務めたことのある政治学者、チャルマーズ・ジョンソンが使った有名な言葉「アメリカ基地帝国」が示しているように、軍事基地の世界的ネットワークであった。しかし、そうした基地帝国の大部分は、第二次世界大戦後と朝鮮戦争後に、共産主義を「封じ込める」という目的のためにヨーロッパやアジアでの「前線」基地として設置されたものの遺産であり、多くはソ連崩壊後もそのまま維持されたものである。

一方、アメリカ基地帝国のかなりの部分は、中東の石油への極めて強い関心を反映して設置されている。このことは一九八〇年代のカーター主義とレーガン主義にまで遡ることができるし、九〇年代のグローバル崩壊という考えによってさらに強化された結果でもあった。二〇〇三年初めのイラクへのアメリカ軍による侵略直前に公的データを収集したジョンソンによると、アメリカ軍は「現在、約一三〇カ国に散在する七〇二の海外基地を所有または賃借している」。しかし、彼によると、この数字は過小評価であり、「実際の我が国の基地帝国は、正直に計算してみるならば、おそらく一〇〇〇以上の基地を、他の国々に置いている」。正確には、アメリカがいったい幾つ基地を海外に保有しているのか誰も知らないし、国防総省すら知らないのだとジョンソンは結論づけている[19]。

海外基地の拡大は、艦隊自体が浮かぶ基地とも言える独特な米海軍が重視する、作戦内容の変更と並行して進められた。ミヤット少将が『沿岸地域の無秩序』で描くことになる構図を予想するような一九九二年の白書では、この変更は「世界的規模の脅威の重視から、地域的な挑戦と機会の重視へ」の移動に伴って決定されたと述べられている。もっと詳しく言うならば、この変更は「沿岸地域または地球の海岸線という複雑な環境での作戦展開に求められる能力開発」に集中することを意味している。かくして、この白書での戦略解説によれば、「沿岸地域の支配とは、空爆、ミサイル、砲弾、弾丸、そして銃剣」全てを駆使するということを意味しており、必要な場合には、海兵隊による「深い」介入をも想定している。

この白書や後年の戦略解説では、世界中の沖合のみならず広範にわたる沿岸地域（数十キロ、数百キロに及ぶ内陸地を含む)へのアメリカの支配に挑戦する敵国または潜在敵国に対して、「接近阻止／領域拒否(Ａ２／ＡＤ)」能力を打ち消す必要性を繰り返し強調している。アメリカの戦略任務のこのような侵略的な再定義を、中国のような仮想敵国がどれほど敵対的に解釈したかは想像に難くないが、それを国防総省が真剣に考慮した形跡はない。

海洋作戦から沿岸地域への軍事力投入といった戦略変更は、一九九〇年代の海軍のスローガンとなった。例えば、一九九四年のある海軍出版物によると、どこにいようとも「アメリカの軍艦自体がアメリカの主権下にある領地である」。一九九七年にはその更新版は、沿岸地域重要視戦略におけるハイテクがもつ役割について以下のように述べている。「我々は、その強健な司令・命令システムという優位性を活用し、効力範囲の広い感知装置と様々な兵器を使って、分散してはいるがネットワークで連結した軍隊の戦闘力を集中させ、内陸地の遠くにまで軍事力を及ぼすことができる」。こうした軍事力の前進的展開の目的は、敵の防衛を麻痺させ、敵の攻撃を激しく叩き、「目的達成という既成事実を即時に作り上げることである」と。[20]

沖合の米艦隊は、単に浮かぶ基地ではいられなかった。艦隊には陸上設備が必要であり、一九九〇年代に基地帝国が拡大したのはそのためでもある。基地帝国の規模をはかることの困難さは、第二次大戦以後の「戦争」や「戦闘」の結果の規模、範囲、性質、人的損害を量的にはかることの困難さと類似している。精密な測定は不可能である。しかし、冷戦後アメリカが世界至る所に軍事基地を配備したその速度と密度の全体像は明白であり、９・11事件の背景にある、イスラム教徒によるアメリカ合衆国に対する憎悪がなぜ高まったのかが、このことでよく理解できる。

例えば、一九九〇年八月に始まった湾岸危機・戦争に動員されたアメリカ軍ならびに多国籍軍の主たる集結場所となった、サウジアラビアの場合を考えてみよう。この期間中、多国籍軍側はサウジアラビアの約一五の基地から航空機を発着させている。さらに一九九二年から二〇〇三年の間、アメリカが南イラク上空を「飛行禁止空域」に設定するに際し、アメリカ軍主導の多国籍軍の監視飛行の発着地として、サウジアラビア王国は重要な役割を果たした。サウジアラビアに海外の軍隊が物理的に駐屯するということは、多くのイスラム教徒たちにとって、イスラム教の聖地(メッカとメディナ)を冒瀆し、アメリカに対するサウジアラビアの隷属を象徴するものとして、とりわけ侮辱的なことであった。9・11攻撃の首謀者であったオサマ・ビン・ラディンは、早くも一九九六年時点から、アメリカの軍靴が彼の生地である土地の神聖さを汚していると、公然とかつ激しく非難していた(21)。

*

二〇世紀末のこの時点で、状況は複雑で一触即発の危険なものになっていたのである。アメリカ合衆国は、中東の石油への執着、沿岸地域の無秩序という終末論的展望、海外での軍事基地拡張、軍事介入の強化、「全面領域支配」または「即時目的達成」を確実にする強力で精巧な軍事力の独占という希望的観測などにますますとらわれるようになり、そのため、長年にわたって地域内部での共食い的な紛争で病んできた地域へと、より深く自国を引きずり込んでいったのである。

第二次世界大戦の数十年間における拡大中東圏の主要な紛争としては、以下のものが挙げられる。四度にわたるインド・パキスタン戦争(一九四七、六五、七一、九九年)を含む、その近隣地域での、第二次大戦以来の長年にわたる深刻な紛争。イスラエルと隣接するアラブ・ムスリム諸国、ならびに国家としての存在を認められていないパレスチナ人との絶え間のない衝突（一九四八―四九、五六、六七―七〇、七三、八二年の戦争を含む）。アルジェリア独立戦争（一九五四―六二年）、南イエメンの内戦（一九六二年から）、レバノン内戦（一九七五年から）、イラン・イラク戦争（一九八〇―八八年）、トルコとクルド人の間で続く終わりのない紛争（特に一九八四年から悪化）、ソ連・アフガン戦争後も続くアフガニスタンの国内紛争。

しばしば新聞の見出しを飾るこれらのたび重なる紛争の背後には、部族的、民族的、宗教的なアイデンティティとそこから発生する対立という問題が根深く横たわっている。国防総省の戦略立案者たちはこうした動乱に頭を悩ませてきたが、トップレベルの政策立案者たちは、結果的にはこうした混乱状況に真剣に立ち向かってこなかったのである。

これら全てが、9・11事件とそれに続くアメリカの「テロとの世界戦争」の宣言以後の、新しい暴力の時代の舞台を設定したのである。

第7章　9・11事件と「新しいタイプの戦争」
September 11 and "A New Kind of War"

アメリカ合衆国にとって、二〇世紀の大戦争は全て海外での戦争であった。一八一二―一五年の米英戦争〔第二次独立戦争〕の後、アメリカは領土の保全確保に恵まれた。一九世紀半ばの残虐な南北戦争以降、アメリカ人は、一九四一年にハワイの軍事施設が日本軍によって奇襲攻撃されたことと、一九四三年にアメリカ領の離島、アリューシャン列島を日本軍から取り返した「忘れられた戦闘」を除いて、自国の土地で戦闘を行ったり砲撃にさらされたりするという苦悩をなめる経験がなかった。

しかし、海外の戦争で死亡した将兵たちが忘れられるということはなかった。第一次世界大戦、第二次世界大戦、朝鮮戦争、ベトナム戦争は、長年引き続き追悼記念の対象となってきた。とりわけ第二次世界大戦とベトナム戦争の追悼式典は、犠牲と献身に対する国民の深い思いを増進させる機会とされてきた。長い間、戦争の恐怖の実感を物理的にもたなかったという歴史のゆえに、二〇〇一年の9・11事件でニューヨークの世界貿易センターとワシントンの国防総省ビルがアルカイダの攻撃を受けたことで、アメリカ人がどれほど異常とも言える精神的ショックにみまわれたかが理解できるであろう。

一九名（そのうち一五名がサウジアラビア人）のイスラム教徒のテロリストがハイジャックした飛行機による攻撃である、9・11事件のショックに対するアメリカの一般的な反応は、第二次世界大戦開戦への反応を即座に思い出させるものでもあった。アルカイダの自爆攻撃は、日本軍による予告無しの真珠湾攻撃と、太平洋戦争の最終段階で現れた神風特攻パイロットになぞらえられた。政治学者のお偉方、とりわけ保守的な学者たちは、アメリカが今や「第三次世界大戦」を戦っているのか、それとも（冷戦を第三次世界大戦と見なすなら）「第四次世界大戦」に突入したのかという議論を始めた。

しかも、これは少数者による誇張ではすまなかった。事実、ジョージ・W・ブッシュ政権は、そのようなヒステリーを現実の戦争政策にまで具体化してしまったのである。ちなみに、副大統領ディック・チェイニーと国防長官ドナルド・ラムズフェルドは両者とも湾岸戦争の計画立案者であり、「軍事革新」の強力な推進者でもあった。アメリカ合衆国は、今や「テロとの世界戦争（global war on terror、略してGWOT）」の中に巻き込まれているとブッシュ政権は宣言したのである。

アルカイダによる攻撃から四日後の九月一五日、CIAは、八〇カ国での対テロ作戦展開を求める『世界的規模での攻撃マトリックス』と題した最高機密提案書を作成した。この提案が最高機密であるにもかかわらず、政府高官たちはこの提案の全般的な意図をすぐさま公にした。例えば、ラムズフェルドは、アメリカ合衆国は「複数の指揮官の下で、アメリカを含む六〇カ国あまりに及ぶ国々で、大規模な活動を行う」ことを計画していると、記者たちに述べた。チェイニーは、視聴率の高いテレビ番組に出演して、アメリカ合衆国は「言うならば、一種の闇の世界」で活動をしなければならないと主張した。この（拷問を含む）闇の世界での行動の詳細が明らかになるのは、それから数年後になるが、9・11攻撃に対する公然たる反応はすぐに現れた。一〇月七日には、アメリカ軍は、特にイギリス軍からの強い支援を受けて、アフガニスタンのタリバンに戦争をしかけ、同時にイラク侵攻への準備にかかった。その一七カ月後の二〇〇三年三月一九日にはイラクに侵略した。しかし、アフガニスタンもイラクも、9・11攻撃には責任がなかった。[1]

この迅速にして猛烈な軍事行動は、アメリカ政府のトップレベルの高官たちの傲慢さと被害妄想がいかに強いものであったかを示している。世界を変えたのは、アルカイダによる攻撃ではなくて、むしろワシントンの過剰反応であったことが明らかとなった。[2] 9・11事件とイラク侵攻の後、何年にもわたって担当高官たちがしばしば使った言葉である「世界戦争」という誇張表現は、第二次世界大戦期と同様に、はっきりと見定めた敵に対する無条件の完全勝利への展望という意味を含んでいた。[3] この表現は同時に、冷戦と湾岸戦争で二重勝利をおさめ、そのあと軍事革新を独占的にすすめることができたアメリカ軍の力に対する新しい自信の反映でもあった。イラク侵攻にあたって、ラムズフェルドの国防政策関連のアドヴァイザーの一人は、「こんな戦争は楽勝だ」と一回のみならず二回も公言し、この表現は広く引用された。[4]

ＣＩＡがほとんど一夜にして八〇カ国にわたる『世界的規模での攻撃マトリックス』なる提案を出すことができたのは、少なくとも部外者にとってはひじょうに印象的な出来事であった。しかし、実際には全く驚くべきことではなかったのである。軍部と諜報機関は、第二次世界大戦以来、チェイニーの言う「闇の世界」での行動も含め、世界中いたるところで同様の軍事的な介入に、深く関わってきたのである。

＊

9・11事件から数週間後、ラムズフェルドは「新しいタイプの戦争」と題した新聞論説を発表した。さらに、イラク侵略を準備中の二〇〇二年一一月、彼はラジオ番組に出演して、戦争になれば泥沼状況に陥るという恐れは間違いであると主張した。湾岸戦争と比較して、「なんとも長い、長い戦争になるのではないかという考えは、一九九〇年〔原文のまま〕に起きたことによって否定されていると私は思う」と述べ、「五日間、あるいは五週間、せいぜい五カ月間であって、それ以上には決してならない」と主張した(5)。

しかし、迅速にイラク戦争は片付くというこの彼の予測は、大きく間違った。イラクにおける戦闘作戦は二〇一〇年八月まで続き、アメリカ軍の最後の部隊が引き上げるには二〇一一年末までかかった。しかも、それから三年後にアメリカ軍は再びイラクに戻っている。この時期までには、テロ活動と反乱行動は拡大中東圏と北アフリカ一帯にまで広がった。バラク・オバマの二期目の大統領任期の終わりが近くなった二〇一〇年代半ばまでには、アメリカ合衆国は、シリア、パキスタン、リビア、ソマリア、イエメン、(いまだに)アフガニスタン、その上に再びイラクでも、民兵組織活動によって攪乱させられることとなった。アルカイダは、その影響力という面で、アルカイダを模倣するテロ組織の軍勢によって取って代わられていた。ＩＳＩＬ(イラク・レヴァントのイスラム国家)、あるいはＩ

SIS（イラク・シリアのイスラム国家）または単にIS（イスラム国家）と呼ばれる組織が、イラクとシリアの重要地域を取り囲む形で「カリフ制統治領」を樹立し、世界中のイスラム教徒に対して自分たちが権威を有することを宣言した。テロ攻撃の大部分が、イスラム教徒がイスラム教徒を殺害するという形ではあったが、ヨーロッパやアメリカ合衆国でもテロ攻撃は増加した。

一方、ラムズフェルドの上記の新聞論説のタイトルは、偶然にも未来を予告するものとなった。対テロ戦争、そしてそれに引き続いて、アメリカ主導の侵略が引き起こしたり助長したりした草の根の暴動や反乱に対する戦争、これらは事実、「新しいタイプの戦争」であった。しかも、ラムズフェルドや政府の思考遅れの国防専門家集団が考えていたような、ハイテク利用、スマート武器使用、迅速な展開、限定地域での軍事行動、一定地域に入ったり出たりして行う戦争といったものとはほとんど相反する形での戦争であった。実際、「非対称性」という言葉が、二一世紀の武力紛争を表す標語となった。しかし、「技術的非対称性」や「全面領域支配」を通しての勝利ということに対する、ほとんど宗教的とも言える確信は完全に覆された。湾岸戦争は、期待したほど未来の戦争の先駆けとはならず、むしろ抵抗不可能なアメリカの軍事力というのは妄想であるということを知らしめることになった。(6)

湾岸戦争やその他の過去の通常戦争とは違って、「新しいタイプの戦争」は、主権国家を代表する軍服を着用した軍隊同士が、編隊を組んで衝突するという形をとらなかった。新しい敵は、通常の軍組織を形成せず、一定の領土にアイデンティティを置くということもしない、非国家行為者であった。アメリカの政策立案者たちは、9・11テロ攻撃の背景にはなんらかの国家による支援があると主張し、かくしてアフガニスタンやイラクへの侵略を合理化したわけであるが、しかし、テロリストのネットワークが超国家的なものであることを最初から認めていた。CIAの『世界的規模での攻撃マトリックス』が、敵を無定形で、遍在的で、常に場所を変え、形を変え、名称も変えるものであると見なしていることも、それを証明している。しかし、もう一つ、ここに示されているのは、一〇年もの間、低強度紛争と沿岸地域の無秩序に関して軍部門相互間で苦心して戦略を練ってきたにもかかわらず、中東社会における深い対立と矛盾を真剣に理解しようとしていなかったことであり、外国による侵略がその国の内部に火をつけ、それが暴力的な反乱にまで拡大する可能性についても真剣に考えていなかったことである。

アフガニスタンとイラクでの戦争は、その侵略の開始期の段階で、アメリカ軍がいかに強力な軍事力を有しているかを誇示する絶好の機会であった。アフガニスタンでは、精密誘導爆弾ならびにミサイルの他に、一万五〇〇〇ポンド〔約六・八トン〕の「デイジー・カッター爆弾」(ビン・ラディンが隠れていると考えられた洞窟に落とされた)や、数十万発に及ぶ小型爆弾を撒き散らすクラスター爆弾一二〇〇発以上を使った。イラク侵略は、メディアが喜んで報道したように、ロケット装置を駆使した「衝撃と畏怖」作戦、すなわち、八〇本ほどのクルーズ・ミサイル(ならびに、攻撃目標からそれてしまった、人工衛星誘導による四発の計二〇〇〇ポンド〔約〇・九トン〕の地中貫通爆弾)を首都バグダッドに向けて発射することで開始された。さらに、最初の空爆作戦で使われた弾薬の三分の二が精密誘導のいわゆる「スマート」爆弾で(これに比較して、湾岸戦争ではわずか八パーセント以下)、短期間でサダム・フセインを失脚させる上で、決定的な役割を演じた。

しかしながら、一旦イラクの圧倒的な従来型の軍隊が片づけられるや、ハイテク兵器の利用は、軽装備であちこち動き回る敵に対しては、限定的な効果しかないことが明らかになった。テロリストは(さらに、後には反乱者も)、決して機械化に反対する者たちではなかった。彼らは、携帯電話、ラップトップ・コンピューター、インターネット、ソーシャル・メディアを有効に使いこなした。テロリストの中でも知識のある理論家は、一九六〇年代から八〇年代にCIAやアメリカ学校が作成したような冊子を作り、アメリカ人がやったのと同じように、テロ指導を強化する専門的な基礎知識を提供した。彼らは、欧米のビジネス・スクールの教科書をもじったようなものまで作った。その典型的な一つは、『野蛮の経営学――ウンマ[イスラム国家]が成功するための最重要課程』であった。二〇〇四年にインターネット上で出版された(英訳版で計二六八ページの)この本は、アメリカやヨーロッパの経営学の教えを広く引用している(7)。

テロリスト側のこのような最新の戦略には、大衆心理をひじょうに狡猾に利用することが含まれていた。この大衆心理の利用には、大衆の中にある敵意をテロリスト勧誘のために利用することだけではなく、表面的には自分たちよりはるかに強大な軍事力を持ち「合理的」に見える、遠く離れた敵を罠にかけ驚かせる抜群の能力を活用することも含まれていた。ところが、同時に、テロリストたちが一般に使う武器はカラシニコフAK47突撃銃、機関銃、ロケット推進手榴弾、迫撃砲、猛烈に強力な即製爆発装置、そしてもちろん自爆用爆弾など、ごく素朴なものであった。テロリスト闘士たちは、主として外国軍の侵攻によって引き起こされた草の根の反乱の波と極端な残虐性を利用し、ピックアップトラックであちこち動き回るという戦闘方法をとった。こうした低強度の戦術のほうが、アメリ力の組織的に統合された作戦行動や高価な兵器を使う方法よりも、はるかに効果的で、状況から考えても合理的であった。

この種の新しい不規則な武力紛争は、イデオロギーよりも、宗教的感情、宗派の違い、部族・民族間抗争、あからさまな窮乏といったことが行動の動機となっている敵に、政府とその同盟諸国が戦うという形になっている。もっぱら「技術的非対称性」という考えに依存してきた戦争計画者たちは、こうした新しいタイプの武力紛争の出現によって、自分たちの戦略理論を再考することを迫られた。ほとんど無政府状態という状況に直面した体験が、一九九〇年代の戦略理論が「机上の理論」であったことを痛感させた。「敵の頸静脈を突き刺すような確実性」や「即時目的達成」などということはありえなかった。その代わりに起きたのは、イラクとアフガニスタンの庶民に多くの死者と難民が出るという、はなはだしい惨事であった。結局、あるアメリカの分析者が認めざるをえなかったように、「軍事革新が真にもたらしたのは、現代国家に対して、先進技術を、敵を破壊するよりも、民間人の死傷者と付随的損害を最小限にするために使うことに集中させること」であった(8)。

テロと心理戦争こそが、ある意味で、この新しいタイプの戦争に当てはまると言えよう。テロという手段は戦争と同じくらい古くからあるし、国家テロも歴史的な前例としてはふんだんにある。その一方で、テロ爆撃は、近現代的な特徴を持ったものである。第二次世界大戦、朝鮮戦争、ベトナム戦争では、敵の戦意を挫くためにアメリカ合衆国は都市の中心市街地の非戦闘員を空爆目標にした。しかし、ベトナム戦争では、大規模爆撃はもはや逆効果となっていた。敵が心理的に挫かれることはなく、メディアが報道する恐ろしい攻撃状況がアメリカ国民の戦争支持の低下をもたらした(「ベトナム戦争症候群」理論の説明とは逆に、アメリカ市民の北爆に対する反感は、巧妙な北ベトナムのプロパガンダとはほとんど無関係で、第二次世界大戦や朝鮮戦争時にはなかった、爆撃の具体的な映像を流す衝撃的なテレビ報道のためであった)。戦略立案者たちは、湾岸戦争が、スマート武器を使う比較的「死傷者の少ない」戦争であったことを喜んだ。それは、単にアメリカ兵の死傷者数を少なくしたという理由だけではなく、意図的に非戦闘員を攻撃目標にしたという恥辱を感じる必要もほぼなくしたからである。

9・11事件以後の時代の新しい戦争では、アルカイダとその後継グループが行うテロ活動が中心的なものとなった。この種の残虐行為は、遠方から市民を機械的に殺戮するのとは、性質上も規模の点でも異なっている。これらのテロ犯罪者たちは、自分たちの主張を宣伝する目的でテロ活動を行う。攻撃者と被害者が物理的に接近した距離で、しかもしばしば加害者が自殺行為で行うこの種のテロ攻撃は、公衆の目の前でその恐ろしさを見せつけるが、まさにそれが攻撃者側の目的とするところなのである。こうした物理的に接近した関係での殺人行為の中でこそ、おぞましい死の恐怖を痛烈に感じるわけである。

そのようなテロ攻撃の性質、巧みな操作、平和を脅かす要素などが持つ影響力は、長年、大小様々な国家が行ってきた国家テロとは、いろいろな点で異なっている。即時に無数の相手と交信でき、扇情的表現が拡散しやすいデジタル世界にとっても、これは新しいタイプの戦争であった。冷酷なテロという最近の形態の恐怖は、宗教的狂信性という要素があることは明らかである。しかしながら、敵とみなされた相手の士気を挫くことを基本的な目的とすることは、古くから見られたものである。

＊

アフガニスタンやイラクでの事態が悪化し、軍の組織的混乱と組織運営上の矛盾が増えれば増えるほど、テロ攻撃が新しいタイプの戦争になったことが明らかとなった。一方では、「ネットワーク中心の戦闘」のようなコンピューターを駆使する理論が、命令系統を合理化し作戦行動を統合するという理想的な戦争のやり方への展望を作り出した。ところが同時に、アメリカ国内では、9・11事件に対する過剰反応が、公私両面での安全体制を、これまで国家として経験したことがないような巨大で扱いにくいものにすると同時に、分断され、内部争いの多い、不必要に過剰で、不経済で、不正を招きやすい、不透明なものにしてしまった。軍事ならびに民間諜報活動の最高組織が(二〇一四年までに一七組織にまで)急増したが、これは氷山の一角に過ぎない。ここでは問題は、計り知れない暴力が、個人にではなく、市民社会全般に対してもたらされたということである。

この新しい巨大国家の驚くべき性質は、これまで政府ならびに軍が執り行ってきた活動分野で、私企業に委託される範囲が、政府・軍のそれを超えたということである。これには、とりわけ湾岸戦争の後、国防予算削減という圧力があったことも作用した結果であり、私企業に委託するという形をとることで国防関連の実費を偽装することができ、同時に、小規模な軍事活動を好む一般国民の感情にも応えることができるという、軍事的・政治的な計算が働いていた。こうした政治的詭弁と不正行為が私企業委託という政策に働いていたことは間違いないが、ロナルド・レーガンやイギリス首相マーガレット・サッチャーが先導者の役割を務めた、規制緩和、民営化、市場原理主義などを唱える新自由主義と新保守主義の影響が強くあったことも確かである。9・11事件とそれに伴って起きたアメリカ国内外での「安全保障」をめぐるパニックが、新しい軍事レベルの急激な変化に、民営化を持ち込んだのである。民間部門の急速な軍事化は、このヒステリー状態が必然的にもたらした結果であった。かくして、テロの恐怖は儲けにつながることが証明されたのである。

例えば、二〇〇七年には、CIAの労働力の六割が民間請負業者となっている。二〇一〇年、『ワシントン・ポスト』紙が二年にわたって調査した結果として発表した記事「アメリカの最高機密」によると、「一二七一の数の政府組織ならびに一九三一の数にのぼる私企業が、アメリカ国内一万カ所で、テロ対策、国内安全保障ならびに諜報活動にかかわるプログラムでの仕事に携わっている」とのこと。しかも、これらのプログラムの三分の二は、国防総省の管轄下にある。二〇一〇年には、最高機密利用許可を得た軍人、公務員と民間請負業者の数は推定八五万四〇〇〇人という数になっている。(9)

このような大規模な業務委託は、戦争関連分野でも行われている。9・11事件以後の一〇年余りの期間で、アフガニスタンならびにイラクでアメリカ合衆国の援助を受けた非軍事要員の数は、動員されたアメリカ軍兵員の数とほぼ同じか、あるいは上回っている。つまりこれは、戦争のピーク時(つまり二〇〇七年から二〇一〇年の間)、この二国で、兵員増加と並行して、二五万人に匹敵する民間請負業者に金額が支払われたということである。大部分の民間労働者への支払いは国防総省の予算から出るものであるが、しかし、国務省、国際開発庁、国土安全保障省も、主に業務委託に依存している。

市民の戦闘行為への支援は、これまでにも常に行われてきたが、民間業者がこれほどまでに大規模に関わるということは、対テロ戦争まではありえないことであった。このことは、9・11事件以後の民間請負業者対軍人の割合を、それ以前のアメリカの戦争における割合と比べると明らかになる。第一次世界大戦では、その比率は推定で一対二四の割合、第二次世界大戦では一対七、ベトナム戦争で一対五、ごく短期間で終わった湾岸戦争では、驚くべきことに一対一〇四であるが、二〇〇七年のイラクでは一対〇・八、二〇〇九年のアフガンでは一対〇・七、二〇一〇年のイラクでは一対一となっている(10)。

こうした委託事業で多くの民間契約業者が利益を得たが、通常これらの請負業者が行う業務には二種類のものがあった。その一つは、民間業者の大部分が従事した非戦闘関連の業務で、食事の用意、掃除、洗濯、輸送手段と貯蔵設備の提供、建築労働、通訳業務などがそれである。もう一つは、労働者とりわけ未熟労働者の募集・確保で、地元の人々と第三世界の安い大量の労働力の確保である。イラクの場合には、三〇カ国以上からこうした労働力が集められた。しかし、同時に、民間契約業者は、重要な建設プロジェクト、準軍事組織や外人傭兵部隊関連業務、ひいては軍事革新と関連している複雑な制度の維持管理など、特殊で利益の多い仕事にも携わった(11)。

請負業務のその多くが、きわめて不経済で、しかも汚職を巻き込むものであった。また量的には少ないが、そうした業務の重要なものが犯罪行為でもあった。そうした請負業務の一つが、歪曲的に「特別引き渡し」と呼ばれるプログラムで行われた「虐待の請負化」で、統計的にはその実例の数は少ないが、内容はきわめておぞましいものである。これは、CIAによって準備されたもので、外国のテロ容疑者を誘拐し、それらの容疑者を秘密裏に収容して尋問するために、世界の五〇カ国以上の監獄のいずれかに移送するというものであった。醜悪にも、これは、その三〇年前にラテンアメリカで繰り広げられた「汚い戦争」の期間中に、コンドル作戦として行われた「越境引き渡し」が、世界的規模で行われるようになったものであり、しかもアメリカ政府の画策によるものであった[12]。

軍事技術の優位性に対する自信過剰は、中東での軍事作戦は短期間で勝利に終わると戦争計画者たちに考えさせるとともに、心配されていたような財政的結果につながった。対テロ戦争、とりわけイラクでの戦争にかかると考えられた戦費の見積り計算は、大幅に過小評価であった。例えば、ラムズフェルドは、サダム・フセインを滅ぼすための経費を五〇〇億ドルと考えた。政府高官の中には、イラクの石油からの利益でアメリカ軍による侵攻と占領のための経費は十分まかなえると主張した者たちもいた。このとき大統領の経済アドヴァイザーがでしゃばって、『ウォール・ストリート・ジャーナル』誌に、戦費は一〇〇〇億ドルから二〇〇〇億ドルという高額なものになるかもしれないと述べると、激しい批判を浴び、アドヴァイザーとしての役務も解かれてしまった[13]。

それから一〇年以上後に発表された、アフガン・イラク戦争のための支出金の公式細目表によると、二〇〇一年から二〇一五年の会計年度の間に要した直接経費は、一兆六〇〇〇億ドルを超える額となっている。しかし、国防総省の毎年度の「基本予算」の計算の仕方と同じように、この経費計算額もごまかしである。なぜなら、アメリカ軍退役軍人の中で身体障害者となった人たちの多額にのぼる医療介護費や戦費の債務返済額などが、この数字には含まれていないからである。ハーバード大学ケネディ・スクールの高名な研究者たちは二〇一三年に出版した研究発表で、「イラクとアフガニスタンでの合計の戦費は、アメリカ史の戦争の中で、最も高額なものとなろう。合計四兆ドルから六兆ドルの間であろう」と結論づけている。他の非政府組織による諸研究も、一般に使われている政府の公式発表の経費額は「戦費総額のほんの一部に過ぎず」、アメリカ合衆国は、これから四〇年以上かけてこの戦費を払い続けていかなければならないと、その経費の巨額なことを強調している。一般に無視されているものの中に、人的費用と財政上の費用があり、その額は決して軽視できない。例えば、二〇一三年の段階で、この二つの戦争で出兵した一五六万人の兵士のうちの半分以上がすでに退役しており、したがって彼らは、退役軍人用施設で医療介護を受ける資格があり、すでに身体障害者終身給付金の申し込みを行っている。債務返済額としては、戦費のうち二兆ドルが債務金であり、二〇〇一年から二〇一二年の間のアメリカの国家債務金の総額九兆ドルの二割がそれに当たる。(14)

*

アフガニスタンとイラクにおける戦争は、第二次世界大戦、朝鮮戦争、ベトナム戦争と比較すれば、戦闘で死傷した総数が顕著に少なかったという点でも、新しいタイプの戦争、あるいはそれに近似した戦争であったと言える。確かに、短期に終わった湾岸戦争ではとりわけ死傷者が少なかったが、「テロとの世界戦争」は「旋風」のようにはやく終わった湾岸戦争とは異なり、長年にわたって続く。これまでアメリカが海外で行った戦争と同様に、アフガン・イラク戦争では、アメリカ軍将兵の死亡者数は敵側の死亡者数から比べれば少ないものであった(退役軍人省の情報によると、第二次世界大戦では、アメリカ軍戦死者数は二九万一五五七人、それに加えて「戦場域外」における任務死の数が一一万三八四二人。朝鮮戦争では、戦死者と他の「戦場域内」での他の理由での死亡者の公式合計数は三万六五七四人。ベトナム戦争での戦死者は、同じように合計で五万八二二〇人)。ブラウン大学ワトソン研究所が行った、専門の異なった四〇名近い研究者の共同研究プロジェクト「戦争の代価」によると、二〇〇一年から二〇一四年の間にアフガン・イラク戦争で死亡したアメリカ軍兵の総数は六八〇〇人を少し上回る数となっている。そのうちのほぼ半数が路傍に設置された爆弾（即製爆発装置）とロケット推進手榴弾の攻撃によるものであった。

この死亡者数には注目すべきであるが、しかし全体像のごく一部を表しているに過ぎない。この数字の中には、軍役を終えた後、麻薬の過剰服用、自殺、自動車事故など、精神を病んだ結果死亡した元兵士の数は含まれていない。さらに重要なのは、アメリカ人以外の死亡者数の規模については全く考慮していないことである。共同研究プロジェクト「戦争の代価」によれば、二〇〇一年から二〇一四年までのアフガニスタン、イラク、パキスタンでの戦闘における直接の死亡者数は三七万人以上で、この中には全ての陣営の戦闘員ならびに市民、民間請負業者、ジャーナリスト、人道支援関係者の死亡者が含まれている。そのうちの二一万人ほどが市民であった。こうした直接の死亡者の多くが、アメリカの侵略がきっかけとなって起きた反乱や、宗教的あるいは政治的な内輪もめの抗争による被害者であった。栄養失調、医療設備破壊、衛生設備の不備、浄水の不足など、戦争が引き起こす間接的な理由から死亡した者を含めば、当然、この数字を上回るであろう。その上に、二〇一五年初期の段階では、アフガニスタンとイラクの戦争難民と国内避難民の総数は約六七〇万人にのぼった⑮。

対テロ戦争の最初の一〇年間の「死体数」に関するもう一つの重要な推計は、ノーベル平和賞受賞団体である「社会的責任のための医師団」とそれに協力した二つの国際組織が出した報告書の中の、もっと大きな数字である。それによると、戦争で「直接的、間接的に殺害された数は、イラクで約一〇〇万人、アフガニスタンで二二万人、パキスタンで八万人、すなわち合計で一三〇万人」となるというのが「控えめな推計」とのことである。一〇〇ページにのぼるこの報告書は、実際の死亡者総数が「二〇〇万人を超える可能性もある」が、「一〇〇万人以下だとみなすことは、極めて非現実的である」と結論づけている[16]。

こうした死亡者と難民の推定数に加えて、戦争で身体障害者になった人たちの数も考慮に入れなくてはならない。しかし、この問題に関しても、アメリカのデータはかなり豊富である一方で、世界の他のほとんどの地域では、関連情報は全くなきに等しい。アメリカの公的データは、いつもながら、誤解を招きやすいものとなっている。例えば、国防総省の報告は、「テロとの世界戦争」での「戦闘中の負傷者」数を約五万人としている。これとは対照的に、二〇一五年初期の段階での戦争関連の精神障害に関する調査では、この戦争に参加した少なくとも九七万人のアメリカ軍元兵士が、身体的負傷、あるいはもっと一般的には精神的負傷を負っているという、なんらかの公的な認定を受けているのである。精神障害に関しては、心的外傷後ストレス障害(PTSD)、心的外傷性脳損傷(TBI)、うつ病という、実際には重複する診断上の分類があるが、こうした分類は十分ではない。なぜなら、負傷と心的外傷は本人だけではなく、家族や恋人にまで及ぶからである。よく言われる「見えない傷」の多くは、沈黙という形をとり、報告されない[17]。

現在、PTSDとして認識されている症状が、精神障害として認められたのは最近のことである。かつての戦争で、俗語(しばしば軽蔑語)として使われた「砲弾ショック」あるいは「戦闘疲労」が、このPTSDである。しかし、PTSDは、アメリカ軍がベトナムから引き上げてから七年後の一九八〇年、アメリカ精神医学会が『精神障害の診断と統計マニュアル』の改訂第三版に初めて載せるまで、正式には認められていなかった。イラクでは既製爆発装置（ＩＥＤｓ）の爆風で受ける負傷がひじょうに多かったことによって、肉体的な負傷だけではなく、戦闘関連の精神障害という純粋に心理的な問題が注目されるようになった。精神的損傷それ自体は新しいことではないのであるが、これがいかに広範な問題で、最近までこの問題の取り扱いがいかに不十分だったかに、おそまきながら気がついたということが新しい現象である。それと同時に、「テロとの世界戦争」では、精神的・感情的障害に対する治療を含め、これまでより寛大な健康保険が兵役経験者に提供されるようになったことも新しい現象である。こうした経費によって、長期的に見た戦争費用がますます嵩むことになる。

戦争関連の精神障害についての統計数字は様々である。退役軍人省の調査では、9・11事件以後の長引くアフガン・イラク戦争で、ＰＴＳＤを病むアメリカ軍兵の数は毎年一一―二〇パーセントあったと見なされている。この同じ調査では、過去の戦争も調査対象となっており、ベトナム戦争の兵役経験者の間では、かつてＰＴＳＤを病んだことのある者の数は三〇パーセント、一九八〇年代末の段階でいまだにＰＴＳＤと診断されている者が一五パーセントいたと結論づけている。極めて短期間で、勝者の側にほとんど死傷者が出なかったと賞賛された一九九一年の湾岸戦争でも、ＰＴＳＤを病んだ兵の推定数は一二パーセントとなっている(18)。前述のケネディ・スクールによる二〇一三年のイラク・アフガン戦争の戦費見積もりに関する研究報告は、帰還兵の長期的な「メンタルヘルスの被害の蔓延」について触れ、「以前の戦争問題に関する研究から、これらの帰還兵が、発作、認知神経の機能の衰弱、認知症、様々な慢性病など、生涯続く健康問題を抱える危険性が非常に高いことが分かっている」と記している[19]。

かくして、戦争に動員された兵士たちが、戦争後も長年、心理的な問題に苦しむことになったわけであるが、そうした兵士の数がいかに多かったかは、上記のような抽象的なパーセンテージや病名を、アメリカが行った三つの最近の戦争に動員された兵士の総数に対照させてみれば明らかとなろう。兵の総数は、ベトナム戦争では二七〇万人ほど、湾岸戦争では五〇万人ばかりであり、そしてイラク・アフガン戦争では二七〇万人を超えていた[20]。

*

作戦的な観点からしても、また心理学的かつ病理学的な観点から見ても、新しいタイプの戦争はそれ以前の戦争と共鳴するものがある。それは、敵と世界中のほとんどの問題を一言で表現するということである。巨悪としての「共産主義」に代わって、様々な実利的な理由から「テロ」という言葉が使われるようになった。アフガニスタンとイラクへの侵略の後、ブッシュ大統領が「この戦争は、前世紀における共産主義との戦いと類似している」と述べたのは、典型的である。また別の機会には、彼は、「善と悪」の間の闘争には「中立の立場はありえない」とも主張した。冷戦と同様に新しい戦争も、敵も味方も聖戦という形をとった。しかも、テロリストたちのイスラム原理主義は、それ以前の現代戦争ではみられなかったような、明確で神学的な激烈さを示すようになった[21]。

アメリカ側では、このように二元論的な対立を見せる世界への反応は、単に大衆が受け入れるようなプロパガンダの活用だけに限定されるものではなかった。このような反応は、第二次世界大戦後に政策決定者のグループの間に浸透し、悲劇的にもベトナム戦争期に頂点に達した。一九六一年から一九六八年の間に国防長官を務めたロバート・マクナマラによってベトナム戦争敗北の簡潔な説明が行われたのは、それから何十年もあとのことであった。八〇代半ばになった彼が、二〇〇三年、映画のインタヴューの中で、敵を知り、彼らに感情移入する必要性に言及して、「敵の立場に身を置き、彼らの眼で我々自身を見つめ、彼らの決定と行動の背景にある考え方を理解するようにしなければならない」と強調した。

自分と自分の同僚たちは当時、冷戦という視点からのみ戦争をとらえ、ベトナムが長い間、植民地主義と闘ってきたこと、そして、第二次世界大戦時代から内戦がベトナムという国を二分してきたという事実を無視していた、とマクナマラは告白した。すなわち、歴史に対する深刻な無知、世界の共産主義内部での分裂、敵であるベトナム人の国民的性格、動機、耐久力に対する無知があったというわけである。(22)

ベトナム戦争での過失に対するマクナマラの自戒は、ラムズフェルドと同僚たちが呑気にやったごとく、泥沼に陥る危険性を全く無視して、アメリカ合衆国がまさにイラク侵略を開始しようとしていたそのときに出されたのである。軍中層部や民間分析者の忠告にもかかわらず、そのような大規模な軍事侵入が裏目に出て、テロリズムを衰退させるどころか増強させてしまうということを、アメリカの最高レベルの責任者たちは想像すらできなかった。アメリカは、草の根レベルでの強い抵抗があるなどとは予測もしていなかったし、ましてや反乱が起きるなどとは考えてもいなかった。したがって、そのような事態に対処するための緊急事態計画は、軍事侵略の華麗な脚本である「衝撃と畏怖」作戦には全く含まれていなかった。二〇〇六年一二月、アメリカ陸軍ならびに海兵隊がようやく配布した、新しい『対反乱用実戦手引書』は、冒頭で、「ベトナム戦争が終結して以来の三〇年以上にわたって、対反乱作戦は、アメリカの広範な軍事政策と国家安全保障政策の中では、全般的に無視されてきた」と、はじめて認めた[23]。

一九八〇年代、九〇年代のことを考えてみれば、これは直感に反することであり、一見、信じられないようなことである。アメリカ学校によるラテンアメリカ諸国の独裁主義政権への支援、それと並行するレーガン政権によるニカラグアの反政府勢力コントラへの支援は、反対意見や反乱を抑圧（または扇動）することを幇助するためであった。同じように、9・11事件の十数年前に、アフガニスタンの国内外出身で軽装備のムジャーヒディーンにソ連が壊滅的な敗北を喫したのも、アメリカ合衆国の資金と武器の援助を受けた反乱が成功したからに他ならない。一九九〇年代は、冷戦後の「不安定で危険な」状況、とりわけ中東における状況に警告を鳴らす、軍事研究や報告書が数多く出された時代であった。

とはいえ、上記の二〇〇六年の『対反乱用実戦手引書』による、反乱が軽視されているという批判は正しかった。ＣＩＡの秘密工作のほとんどは、本来の戦略作成に影響を与えなかった。アフガニスタンにおける反乱成功は、主としてソ連側の無能ぶりの表れだとみなして済ませてしまった。最高レベルの政策計画者や防衛問題の専門家たちが、その意味を深く考えてみることをしなかったのである。最も驚くべきことは、ベトナム戦争の後、アメリカ軍の高等教育機関では、教科課目から対反乱活動についての学課が抹消されてしまったことである[24]。

二〇〇六年、新しい『対反乱用実戦手引書』が派手に宣伝されて発行される直前、ベトナム戦争とイラク戦争の両方に従軍した元陸軍参謀次長ですでに退職していたジャック・キーン将軍は、この手引書の序文で、陸軍の怠慢が自己反省的に認められるであろうことを見越して、テレビの視聴者を前に次のように語った。「ベトナム戦争以降、我々は、不規則な武力紛争や反乱に関する事柄は、なんであろうと取り扱わないことにしてしまった。なぜなら、それが、ベトナム戦争で我々が敗退した理由だったからである。今から考えてみると、全く悪い決断だった(25)」。

これは「悪い決断」どころではなかった。集団思考というものがどういう形をとるのかということを見事に露呈しているだけではなく、自分たちが仲間同士だけの思考範囲にとどまり、世界を、あるいは自分自身を他者の目で見てみる、とりわけ敵対者ないしは潜在的な敵対者の目で見てみることを回避するという、狭隘性を意図的に維持し続けていたことを意味していた。アメリカ合衆国は、確固たる意思がなかったためにベトナム戦争では敗北したという「ベトナム症候群」の説明は、真の問題から目を逸らしてしまう。一九九一年の湾岸戦争での旋風のような勝利の前でも後でも、実際に砂に埋もれたのは(「ベトナム症候群」などではなく)「常識」であり、かつ、最高レベルの責任者たちが「劣勢の」敵の複雑さを真剣に理解しようとする努力であった。二〇〇三年、アメリカ合衆国がイラクへの傲慢な侵略を開始しようとしていたまさにその時、マクナマラはこのことを警告していたのである。この点から考えてみるならば、大失敗の対テロ戦争は、新しいタイプの戦争などでは全くなかった。

狭隘な集団思考に世界が払わなければならなかった代価は、新しいタイプの不安定な世界というものであった。

第 8 章　不安定の連鎖拡大反応

Arcs of Instability

冷戦期に最も広く使われたキャッチフレーズは、マクナマラが後年になって否定した、共産主義が単純な一枚岩であるという描写の「ドミノ・ゲーム理論」であった。この理論の発生は、アメリカ合衆国が、インドシナ半島植民地の宗主国であったフランスの軍隊に取って代わった一九五〇年代にまでさかのぼることができる。ベトナムの共産主義者たちが分裂している国家を統一することに成功すれば、アジア全体に連鎖反応がおきて、アジア諸国家は次々とモスクワ指導の共産主義支配下に入り、最終的には日本までが共産主義国家になってしまうと言われたのである。(1)

冷戦期の米ソ二大国家による、世界中いたるところでの代理戦争は、共産主義の連鎖拡大という不安が遍在していたことの表れである。この連鎖拡大不安というアメリカ側の固定観念は、ソ連が崩壊しても消滅することはなかった。その観念は、新たな脅威と考えられたものに対処するために方向転換され、再定式化された。革命的なイラン・イスラム共和国の突然の出現による脅威を受けての一九八〇年のカーター主義は、それを表現する初期的なものであった。

ドミノ現象という隠喩は、冷戦を超えて生き残ることはなかった。一九九〇年代には、「沿岸地域の無秩序」といった類のキャッチフレーズがアメリカ軍内で注目されるようになったが、二一世紀の開始期には、「不安定の連鎖拡大反応」により世界が危険になったというイメージが取って代わった。二〇〇四年の最高レベルの諜報関連報告書は、この危険な潮流を概観して次のように注意を促した。「サハラ以南のアフリカから始まる不安定の連鎖反応は、北アフリカを経て、中東、バルカン半島、コーカサス、さらには南アジアと中央アジアへと広がり、東南アジアの一部にまで広がっている」(2)。

この報告書でも、また他のアメリカ政府の報告書でも、不安定の連鎖拡大反応は「グローバル化」の巨大な動きが産み出す矛盾と関連していると見なされていた。グローバル化は、技術発展によって、より強く統合され、より機能的な国際制度を備えた世界の創造を約束するものと考えられた。しかし、他方では、こうしたハイテク、ハイスピードの発展が不平等を拡大し、国家間と一国内の両方で、「持つ者」と「持たざる者」の間の緊張関係を強めるとも考えられた。グローバル化の否定的な側面は、急進的イスラム教徒が先導するテロリズムを含む、反抗と扇動が根を張っているような、危険をはらんだ地域ができるということであった。反西欧化と結びついた反グローバル化の声を強く広めるにあたっても、そのような反抗活動は、自らの大義を宣伝するために新しい情報技術を活用し、そうすることによって、拡散化された形での活動を維持した(3)。

9・11事件に続いて始まった、はっきり目に見える形での戦争、占領、政治介入は、このような、ますます広がる不安定への反応だったのである。見える形で行われなかったのは、「通常の型にはまらない戦闘」を専門とするアメリカ軍の秘密作戦部隊が行う、広範囲にわたる活動であった。ブッシュ政権が終わった二〇〇九年一月の段階では、この精鋭特殊部隊が配置された国は約六〇カ国に及んでいた。この数は、9・11攻撃の後でCIAが作成した機密文書『世界的規模での攻撃マトリックス』で考えられていた数より二〇カ国少なかったが、ラムズフェルドが公表していた計画数ときっちりと合った数であった。それから一年も経たないうちに、新聞が報道した数は七五カ国にまで増えていた。二〇一一年、アメリカ特別作戦司令部のスポークスマンは、アメリカの軍人は年間を通していつでも、約七〇カ国で様々な任務に携わっており、年末までにその数は一二〇カ国になると発表した。二〇一四年一二月に国防総省が行った報道発表では、二〇一一年から二〇一四年の間に、「特殊作戦部隊は一五〇カ国以上で任務に携わった」と、ついでの情報として触れている(ちなみに、二〇一一年段階の国連加盟国数は一九三カ国)。対テロ戦争以前からアメリカが行っていた活動と同様に、この間の活動もまた、暗殺、破壊工作から情報収集、諜報・対諜報活動、外国軍への訓練と援助、人道支援への関与まで、全域にわたっての秘密任務であった(4)。

オバマ政権の下で特別作戦活動が急増し、対テロ活動「精密」攻撃、すなわち無人航空機《ドローン》による目標設定爆撃での暗殺が優先されたが、これが大きな論争をよんだ。この無気味な名称にすら、悪意が込められていた。二つの「遠隔操縦無人航空機(RPA)」につけられた名前は「プレデター〔略奪者〕」と「リーパー〔死神〕」で、これらの機体からミサイル「ヘルファイヤー〔地獄の火〕」が発射され、目標は「殺害リスト」から選ばれた。

第二次世界大戦でも、ごく限られた回数であるが、遠隔装置で飛ばした爆撃機が使われたことはあるし、ベトナム戦争では戦場監視のためにスチールカメラ付きで用いられた。しかし、ドローンが技術的にグレードアップされて、ビデオカメラを装備するようになったのは一九九五年であり、こうした無人の偵察航空機が精密誘導暗殺機にさらに変更されたのは、9・11事件の後であった。こうした爆撃用ドローンを運用するのは、今のところアメリカ人以外はほとんどいないが、彼らにとって「プレデター」や「リーパー」は両方とも、軍事革新の素晴らしさと、アメリカ軍の死傷者と「付随的損傷」を最低限にとどめる決意を象徴的に示すものであった(5)。

武器化されたプレデターがアフガニスタンで攻撃のために最初に使われたのは、二〇〇一年末であった。この攻撃は、一九九六年から二〇〇一年一二月までアフガニスタンを統治したイスラム原理主義者タリバンに対する空爆作戦の一環として行われた。目標を設定した最初のドローンによる暗殺は、CIA指揮のもとで翌年二〇〇二年二月に実行された。オサマ・ビン・ラディンと思われた「背の高い男」を目標としたのであるが、目標を誤認して、代わりに三人の貧しい農民を殺害してしまった。二〇〇二年、ドローンによる攻撃はイエメンのテロリスト容疑者を目標とするようになり、二〇〇四年には、CIAはパキスタンのテロリスト容疑者を攻撃目標とし、二〇〇七年には、ドローンによる暗殺作戦はソマリアにまで拡大された(6)。

ドローンの攻撃とそれによって殺害された人間の推定数は、変動があって一定ではないが、それほど多くはない。二〇一五年四月、評判の高いある情報源によると、総数五二二回の攻撃で三八五二人が殺害されたとのこと。死者のうち四七六人は「市民」と確認されている。しかしながら、アメリカ政府の政策立案者たちの期待とは対照的に、こうした攻撃の劇的な性格が大きな反響をよんで、精密誘導攻撃による殺害がもつ冷酷性、非人道性、機械性が強調されることになってしまった。付随的損傷を最小限化する努力が賞賛されるどころか、ドローンによる攻撃は、秘密性、無責任性、アメリカ側にとっては危険性が全くないテロ攻撃、といった面を象徴するものとなった。ある評者が描写したように、ドローンは、単なる「暗殺者の武器」ではなく、皮肉にも「攻撃者自身を痛めつける武器」の典型的なものとなってしまった。かくして無人攻撃機「プレデター」や「リーパー」は、頭上を飛び交う人たちに怒りと絶え間のない不安を呼び起こし、さらには報復意識を作り出して、テロの理念に共鳴してテロに加わる者を増やしてしまうことにつながった。(7)

世界中の全ての主権国家の約四分の三でアメリカが軍事行動を行っているということは、アメリカ合衆国と戦争状態にない国においてですら展開しているハイテク技術による暗殺活動とも相まって、比喩的な表現としての「不安の連鎖拡大反応」が、なにか他のものに形を変えたと言ったほうがよいのではないかと思わせる。では、いったい何に？　不安定の大海原？　それとも、世界の隅々までを不安におとしめる、地政学的構造プレートの変動？

二〇一四年半ば、『ウォール・ストリート・ジャーナル』誌は、アメリカ合衆国は、「ソ連がアフガニスタンに侵攻し、イスラム教徒がイランで政権を奪取し、アメリカがベトナムから手を引いて東南アジアが動揺していた……一九七〇年代末以来」、経験したことのないような「世界的規模での不安定の広がり」に直面していると述べた。(8) 最初は、「不安定の連鎖拡大反応」定式は、主要国家間の衝突の危険性についてはそれほど重要視せず、主に、中東、アフリカ、アジアの一定地域に焦点を当てるものであった。しかし今や、「不機能国家」や破壊的な「ならず者国家」と結びつけられたイスラム教徒によるテロの恐怖が、勢力を強めている中国、再び力を誇示しようとしているロシア、二〇一五年までは核兵器保有国になりつつあったイランなどの強大な軍事力の恐怖と重なりあっているという状況を作り出している。

高まりつつあったこの不安は、古い技術に対する畏怖の念が新しい姿で再出現すること、すなわち、もともとあった「原爆による不安定の連鎖拡大反応」という亡霊の再出現によって、さらに増大した。ソ連崩壊と核兵器開発競争時代の終焉から一五年後、核の恐怖が再び現れた。アメリカの戦略立案者たちが二〇〇五年頃から明確に述べ始めたように、今度は、四〇〇〇マイル〔約六四〇〇キロ〕という距離に及ぶ「ペルシャ湾から日本海までの間に、イラン、パキスタン、インド、中国、さらには北朝鮮、その上にはロシアが迫る」という形で、「連続した核保有国の強固な前線」が形成されている。しかも、この核保有国と核潜在保有国の不吉な連鎖拡大反応が存在するだけではない。非国家テロリストが核兵器を掌握するという恐るべき危険性がそれに加わった(9)。

こうした警告的な予見のなかに明らかに入れられていないのが、アメリカの核政策そのものが、「原爆による不安定の連鎖拡大反応」の重要な挑発要因であったし、今もあり続けているということである。強迫観念的とも言える自己中心的「国防」への没頭の危険な落とし穴は、その結果として作られた政策が、通常は、他の国からは脅威と見なされ、しかもそうした見方が非合理的だとは言えないことである。軍事面での強大な「技術的非対称性」を維持することへの絶え間ないアメリカの探求は、軍備増強へのあらゆる分野での競争力を維持することで保証されるのである。

＊

ソ連が崩壊しても、核抑止力理論が崩れる気配は全くなかった。アメリカの戦略計画において冷戦期の核抑止力理論に取って代わったのが、大幅に修正された、脅威と攻撃目標に関する構想であった。この新しい核戦略理論では、主要な攻撃仮定目標であったロシアの存在が弱くなり、それに代わって、「ならず者国家」と中国が重要視されるようになった（ちなみに、「ならず者国家」という表現は、一九九〇年代半ばのビル・クリントン政権時代の政府高官たちが普及させた。さらに、この言葉は、ジョージ・W・ブッシュのイラク、イラン、北朝鮮を名指す「悪の枢軸」という悪名高い表現で生まれ変わった）。同時に、「抑止」と「拡散への対抗措置」という用語の意味が再定義され、核兵器攻撃の危険性だけではなく、化学・生物・放射能兵器などの「大量破壊兵器」の抑止をも含むものとされるようになった[10]。

こうした任務の再定義は政府内で議論を巻き起こしたが、新構想の結果は広範囲に及ぶものとなった。一九九七年、国防総省の国防特別兵器局は、国際的な環境は「「兵器中心の環境」から「攻撃目標中心の環境」へと発展した」と述べた。核兵器は数量的には減らされるとしても、その役割は拡大された。「非戦略的核兵器の利用」と制限的かつ地域限定的な核攻撃が強調されるようになり、「付随的損害」が比較的少ない、改良された戦術核兵器に重点が置かれるようになった。これには、「小型核兵器」の開発をはじめ、様々な計画が含まれていた[11]。

一九九五年にアメリカ戦略司令部が作成した秘密メモには、こうした修正された展望があからさまに表明されていた。「核兵器の発明を「再び発明前の状態に戻す」ということは不可能であるし、核兵器の秘密裏での開発を防止することもできないので」、核兵器は戦略的抑止力の中心をなすものとして存在し続けることを運命づけられている、とこのメモでは述べられている。さらに、もしアメリカ合衆国が「消極的安全保証」(すなわち、核兵器を最初に使わない、非核保有国に対しては核兵器を使用しないという約束)を差し控えるなら、効果はもっと強まるとも主張したのである。その上で、問題は、核兵器であろうが他の兵器であろうが、どんな大量破壊兵器をも使わせないように「敵の心理に恐怖をもたらすには何が最良の方法か」ということである、と述べている。

そのためには、不確実性という状況を作り出すことが理想的であり、「我々が過度に合理的で理性的であるというイメージを作り出すことは、自分たち自身を傷つけることになるのであり……アメリカ合衆国は、もしも自国の重要な利益が攻撃されれば、合理性を失って復讐にでるというのが国家的特性であるという印象を、いかなる敵にも示しておくべきである」[12]とこの秘密メモは主張している。これは、基本的には、ニクソンのあの古い「狂人理論」の再現である。いつものことであるが、ここには、増加しつつある核兵器保有国クラブのメンバー諸国もまた、同じように考え行動する可能性があることについての考慮はほとんどない。

核抑止力を維持し、核兵器の任務を拡大するためには、核兵器保有量を冷戦期のレベルに保つ必要はなかった。ソ連が崩壊し、国力が弱まったロシアがそれに取って代わることになる二年前の一九八九年初めに、すでに、旧二大超大国は、長距離大陸間弾道ミサイル(ICBM)、潜水艦発射弾道ミサイル(SLBM)と、戦略爆撃機という三元戦略核戦力を大幅削減することに同意した。アメリカ合衆国は一九九〇年には新しい核兵器の製造を停止し、一九九二年一〇月には、父親ブッシュ大統領が、核実験の全面停止を先行させるという一方的な宣言の法案に署名した。[13]

アメリカならびにソ連／ロシアの核兵器保有量の推定数は様々であるが、概数は明らかである。ある詳細なデータによると、ソ連が崩壊した一九九一年当時、アメリカは二万四〇〇〇発の核弾頭を保有しており、ソ連の核弾頭保有量は三万四六〇〇発であった。最も危険な三元戦略核弾頭の数は、アメリカが九三〇〇発(それに加えて海外に約二五〇〇発の核弾頭、そのほとんどがヨーロッパに配備されていた)、ソ連が九二〇二発を保有しており、ソ連がヨーロッパでの戦争を念頭に置いて同地に配備していた非戦略核弾頭は二万三〇〇〇発以上あった。二〇〇一年までに、アメリカが保有する戦略核弾頭は六一九六発(加えて四六〇発が海外配備)に削減され、ロシア側は五二六三発に減らした。[14]

9・11事件とそれに続く混乱状況が、真剣な核軍縮への努力と、生じうる地域的な紛争のために核抑止力の再目的化をはかる動きとの間に確執をもたらした。一方では、核兵器使用を柔軟に考えるべきであると主張してきた者たちが、テロ攻撃のショックで、様々な脅威に対して核兵器を使用する可能性のために、備蓄核兵器を今こそ再び利用できるようにすることが急務であると確信するようになった。しかし同時に、核兵器が非国家組織テロリストの手に入る危険性が生じたことから、結局、多くの核戦略家たちは自分たちの考えを逆方向に向けるようになり、「核抑止力理論」はもはや時代遅れとなり、危険であると主張するようになった。したがって、緊急の課題は、戦争の既存のルールに沿わないで自爆テロを行う敵の手に渡る前に、核兵器を完全に廃棄することだと、彼らは言うようになったのである。

二〇〇一年一月から始まったブッシュ政権も、ロシアと連携して、さらなる核兵器削減の努力を続行した。同時に、一九九〇年代半ばに国防総省の「構想基盤」となった「全面領域支配」理論を採用した。この理論が、国防総省の間に浸透していた新しい核兵器理論と合体して、二〇〇一年末に連邦議会に提出された「核態勢見直し報告」などの基本方針にも反映された。

この報告では、アメリカ国家の唯一の抑止戦略として核攻撃力だけに依存するという政策は、「二一世紀の世界で、我々が直面する潜在的な敵を抑止するためには不適当である」として、退けられた。ロシア、さらにもっと脅威である中国の両国は攻撃目標であり続けたが、潜在的敵国としてイラク、北朝鮮、イラン、シリア、リビアがリストに加えられた。さらには、核抑止力を必要とする、あるいは使用の可能性すらある、「現在、危険と広くみなされている」国際紛争地域には、中東、分断されている朝鮮半島、あるいは不確定な地位にある台湾が含まれている[15](この背景には、パキスタン、インドまたはイスラエルによる核の先制攻撃使用の懸念が常に存在していた)。

こうした「様々な潜在的敵国と予期しない脅威」に対応するためには、強力な報復能力ではなく、核兵器、非核兵器、ならびに防衛能力の三つの、柔軟性のある「新しい混合」が必要であると主張した。作戦計画書では、この「混合」とは、「ごく短時間しか無防備な状態にない、極めて価値の高い攻撃目標に、先制攻撃の脅威を与える、あるいは実際に先制攻撃をしかける」能力を含む、「世界的規模での攻撃」能力であるべきとされている。世界的規模での攻撃のための混合を、より詳細に定義するならば、「主として、長距離・超速の動的攻撃力(高度通常兵器ならびに核兵器)と非動的攻撃力、無人システム、サイバーシステム、そして広範囲にわたって展開する少数の人員からなる特殊作戦部隊」である[16]。

潜在的脅威に対して先制攻撃で応じるという選択は、新しいものではない。核「先制攻撃」を理論化した初期の段階から、こうした考えはすでに暗示されていた。しかしながら、核抑止力を通常兵器と混合させ、それにより、地域限定的な非核兵器の脅威に対応するというやり方も、（ウィリアム・ペリーの回顧録でも強調されているように）初期の段階から考えられていたことである。にもかかわらず、これがトップレベルでの計画として考えられるようになったという点では、それまでとはかなり異なっていた。それは、核弾頭を実戦兵器へと変更し、理論上は戦術的戦闘で使える低出力核兵器の製造に集中し、「国家の新しい要求に見合った新しい核弾頭を、設計、開発、生産し、使用を認定することができる」ようにすること、すなわち「核態勢見直し報告」が使っている表現を使うならば、「核兵器製造設備を活性化」することを最重要視することであった。ここから、様々な結論が引き出された。核弾頭を設計するための新しい科学者世代が養成されなければならなかった。どれほどの規模にするかは未定であったが、「配備されていない貯蔵核兵器」のうちのかなりの部分をそのまま維持することが理想的だとも考えられた。そのうえ、「要求があれば、地下核実験を再開できるような準備もしておく」ことも必要であった。

他の軍事計画や発表と並んで、「核態勢見直し報告」が明らかにしたのは、ブッシュ政権によって、問題のある二つの政策の追加が決定されたことであった。一つは、ミサイル防衛を大幅に強化することであったが、アメリカ自身を含む全ての核保有国は常にこれを、自分たちの防衛を脅かすものであるととらえてきた。もう一つの政策は、消極的な核軍縮交渉のことである。(17)

＊

9・11事件後のアメリカのこうした核兵器政策の強化は、当然ながら批判をよび、そうした批判は、これまで予想もされなかったところからも出された。二〇〇七年一月、核戦略の旧権威者と言える四人、ヘンリー・キッシンジャー、ウィリアム・ペリー、ジョージ・シュルツ、サム・ナンが、『ウォール・ストリート・ジャーナル』誌に「核兵器のない世界」と題する共同執筆の論考を発表した。これは、その後二〇〇八年から二〇一三年にかけてさらに四つ出された、彼らの共同執筆論考の最初のものであった。核兵器、その製造方法の知識と核物質の一層の拡散は、世界を「核兵器の転換点」へと押しやり、今や「人類史上の発明で最も致命的なこの兵器が、危険な人物たちの手に握られる可能性がひじょうに高まっている」と、この四人は論じた(18)。これに続いて二〇〇八年一二月、世界中から一〇〇名を超える有識者が、二〇三〇年までに全ての核弾頭を段階的に廃止することを目指して、パリで「グローバル・ゼロ」という国際キャンペーンを開始し、これがメディアでも大きく取り上げられた。

二〇〇九年に大統領となったバラク・オバマもこの「グローバル・ゼロ」を支持し、プラハでの雄弁な演説でノーベル平和賞まで授与されるということが起きた。しかし、完全な核廃絶は達成できないことをオバマ政権が明らかにするまでには、それほど時間はかからなかった。二〇一〇年の「核態勢見直し報告」は、もはや核実験も新しい核開発もしないことを確約することで、前政権の政策とは異なった政策をとることを明らかにした。同年、ワシントンとモスクワは、戦略核弾頭のさらなる削減を行うことで同意し、いわゆる新ＳＴＡＲＴ条約を締結した。しかし、この新条約は、非戦略核兵器あるいは配備されていない核弾頭の数に対する制限は全くなく、三元戦略核戦力の維持にもなんら影響を及ぼすことはなかった。新ＳＴＡＲＴ条約に関する上院へのメッセージでオバマ大統領は、アメリカのロケットエンジンの工業基盤を維持することを確約し、戦略核兵器の運搬手段、つまり、重爆撃機と空中発射巡航ミサイル、大陸間弾道ミサイル（ＩＣＢＭ）、潜水艦発射弾道ミサイル（ＳＬＢＭ）を「現代化するか新しいものと取り替える」つもりであることを明言した。(19)

それゆえ、「核兵器のない世界」――オバマが賞賛を浴びた、二〇〇九年四月にプラハで行った演説で使った言葉――に向けてさらなる一歩を進める代わりに、新ＳＴＡＲＴ条約は、冷戦後に核抑止力の改定論を唱えていた戦略立案者たちにとっては、勝利を意味していた。アメリカ合衆国とソ連との間の恐怖の均衡を特徴づけていた膨大な兵器はかなりの程度、縮小することになったが、完全に消滅するわけではなかった。二〇一五年三月の政府発表の数字によると、アメリカが配備している戦略核弾頭の数は一五九七発、ロシアの配備数は一五八二発であった（別の情報源によると、数字はもう少し多い）。

冷戦のピーク時には両超大国が保有していた核兵器の合計数は六万個以上であったことを考えてみると、「相互確証破壊」状況からの撤退ぶりはなかなか印象的である。しかし、この核兵器削減の達成は、同じ時期までに九カ国が核保有国となっており、しかもそれらの国のどの国も核廃棄を真剣には考えていないことで、効果は弱められてしまっている。世界で核兵器を製造できる国の数は極めて多い。誤って核兵器を使用する危険性も、意図的に核兵器を使用する危険性も高まっている。「核兵器による不安定の連鎖拡大反応」の危険性は、この表現がその一〇年前に最初に使われ始めた時よりはるかに高まっている[20]。

オバマ政権の核兵器の長期計画の具体的な内容は、二〇一四年九月に明らかとなった。ここでは、新しい一二隻の弾道ミサイル潜水艦、一〇〇機に及ぶ長距離飛行爆撃機と四〇〇の新型あるいは改良型の陸上弾道ミサイルを製造することで、三元戦略核戦力を現代化することを唱えていた。このために予測される費用は驚異的なものである。これ以降の一〇年間で三五五〇億ドル、三〇年間では一兆ドルにまでのぼる。こうした核戦略計画で製造されるものの多くが、二〇二〇年代、すなわちグローバル・ゼロの提案者たちがその夢の実現を望んでいる二〇三〇年の直前には、完全に使用可能となる[21]。

民間団体の推定によると、二〇一五年初めの段階での世界における核弾頭の総数は約一万五七〇〇発となっている。そのうち四一〇〇発が使用可能で、その中でも「米露両国の核弾頭約一八〇〇発が警戒態勢に置かれている」。米露二カ国のどちらも、数千発の非配備用核弾頭を備蓄しており、どちらも、ミサイルから取り外した核弾頭のうち解体処分を待つ大量の核弾頭を保有している(ロシアが約三〇〇〇発、アメリカが二五〇〇発)。この他の七カ国の推定核弾頭保有数は以下の通りである。フランスが三〇〇、中国が二五〇、イギリスが二一五、パキスタンが一〇〇から一二〇、インドは九〇から一〇〇、イスラエルは八〇、北朝鮮は一〇以下[22]。

イギリスの週刊誌『エコノミスト』が二〇一五年三月に掲載した特集記事「新しい核兵器時代」は、「冷戦の真っ只中の時よりも、核兵器の数は現在のほうが少ないが、核兵器が使われる危険性はずっと高いし、強まっている」と結論づけている。ロシアは軍事予算の三分の一を核兵器の現代化に充てているし、中国は、核の第二〔＝報復〕攻撃能力の開発に多額をつぎ込んでいる。パキスタンは、通常兵器部門でインドに対して劣るために、野戦用核兵器の開発に力を注いできた（しかも、パキスタン軍の核管理能力は疑わしい）。そのパキスタンもインドも、潜水艦からの核兵器ミサイル発射能力の開発を進めている。また、北朝鮮は、アメリカ西海岸に到達できるミサイルの開発を進めていると信じられている。イランは核兵器保有国クラブに入る道で足踏み状態を続けている（二〇一五年半ばの国連安全保障理事会常任理事国ならびに欧州連合との合意によって、核開発は一旦停止状態）。状況がさらに進めば、この他の国の中からも既存の核保有国のあとに続いて核を持つことを選択する国が現れると思われる。そうした国の中には、サウジアラビア、エジプト、日本、韓国が含まれる(23)。

二一世紀の最初の一〇年間では、核兵器に利用可能なウランを所有している国がすでに四六カ国あり、同じように核兵器に利用可能なプルトニウムを所有している国は一三カ国ある。荒っぽい計算ではあるが、世界中に拡散している兵器用に転用可能なこれらの核物質は、「二〇万発以上の核兵器」を製造するのに十分の量であるとの推計すらある。こうした状況に、自爆テロリストが核兵器を購入または盗むか、あるいは小型のものを製造したり、（麻薬のように）攻撃目標の国に密かに持ち込んだりする可能性と、「核の恐怖の新しい均衡」を考えると、これはきわめて異様な状況であり、冷戦期と同じくらい脆くて恐ろしい状況となっていると言わざるを得ない(24)。

第9章　七五年目の「アメリカの世紀」

The American Century at Seventy-Five

二〇一六年は、ヘンリー・ルースが考案した「アメリカの世紀」という概念が出されてから七五年目に当たる。当時、自分の論考を載せた『ライフ』誌の創刊者であるルースが今も生きているとしたら、どのように反応したであろうか。

ルースならば、「世界中で最も強力で活気のある国家」というアメリカに関する自分の展望が、ある程度、確証されたと間違いなく思うことであろう。孤立主義は過去の考え方であり、その証左として第二次世界大戦を見たであろう。偏狭的個性と不寛容性という側面が強まってきたことは確かだが、「真にアメリカ的な国際主義」が世界の多くの部分を取り巻いたことは確かだ。ルースが激賞した「民主主義的原理」、「法の下における自由」、「機会均等」という、アメリカ独立宣言、憲法、権利章典で謳われている価値は、今や普遍的なものである。これらはしばしば美辞麗句として使われるに過ぎないが、しかし人々の心のどこかに常に存在してきた。ところが、近現代史において最も酷悪な戦争が世界を飲み込もうとしていた一九四一年の場合は、そうではなかった。

ルースが生きていたなら、世界のいたる所に繁栄する消費社会が出現していることにも、喜ぶことであろう(一九四一年に彼が書いた論考では、「より豊かな社会」は「アメリカが約束する代表的なもの」と記している)。ソ連の崩壊にも彼は喜んだに違いない。彼が生まれ、一〇代半ばまで故郷だった中国の台頭――偉大な文化を持ち、長い間苦悩してきた人々がようやく強く豊かになった一方で、いまだに無神論で権威主義的な共産主義の支配下にある状況――は、きっと彼の頭を悩ますことであろう。

論考「アメリカの世紀」は、キリスト教宣教師の情熱を反映していた。ルースは異教徒に神の言葉を広めることに生涯をかける長老派教会の宣教師の息子であった。この宗教的情熱が愛国主義の形をとり、それが今日、我々が「アメリカの例外主義の信条」と呼ぶものにまでなったのである。その信条とは、アメリカ人は美徳とその実践において他のあらゆる人々に優る、しかし、この価値観は世界中の人々と共有できるし、また共有されなければならない、というものである。ところが、そのメッセージの内容は理想主義的で、寛容で、道徳的だが、同時に家父長主義的で、恩着せがましく、ご都合主義と偽善に満ちており、しかも明らかに自己反省と自己批判を欠いていたし、それは今も変わらない。その意味では、一九四一年のヘンリー・ルースは、今も生きているとすれば、現在のアメリカを正しいものと見なし、七五年前の自国の宣教師的な美辞麗句が今もそのまま使われていることに親近感を持ち、恐らく安心することであろう。冷戦とそれに続く対テロ戦争がそのような愛国主義的な唱導を増強させたわけであるが、その根は深いのである。

しかしながら、一九四一年の段階では、第二次世界大戦後に加速度的に起きた激変を予測できた者は誰もいなかった。さらに、ルースのように一九六七年に亡くなった者は誰も、アメリカがベトナム戦争であれほどまでに失墜して屈辱感を味わうか(ルースはベトナム戦争の熱烈な支持者であった)、また、どれほどデジタル革命が世界を変え、それが軍事にまで及ぶのかを想像することなどはできなかった。また、それまでの国家間の衝突という歴史に取って代わって、非国家組織による変則的な暴力とテロ行為の時代がやってきて、そうした暴力がアメリカならびに「アメリカの世紀」に恐怖をもたらす状況が永続化してしまうような時代がやってくるなどとは、誰も想像できなかった。

一九四一年にルースは、「世界全体の治安を取り締まる」などというのは「断固として」アメリカの任務などではない、と書いた。その彼が、CIAとアメリカ軍特殊作戦部隊が世界中の一五〇カ国ほどの国々で秘密工作活動を展開し、アメリカ合衆国が八〇〇に近い数の海外軍事基地を保持していることを知ったならば、どのように反応するかは想像することもできない。アメリカの年間軍事予算が一兆ドルほどにもなっており、国防総省の年間「基本予算」の額は、国防予算額で二位以下の八カ国の予算額を合計したものよりはるかに多いということを彼が知ったならば、何と言うであろうか。アメリカ合衆国が武器輸出では世界最大の国であり、二〇〇七年から二〇一四年の間に取引された武器の総額のほぼ半分がアメリカによるものであることを知ったなら、彼は何と言うであろうか(1)。

「集産主義」に対しては、ニュー・ディールの類ですら嫌ったルースなので、アメリカが国家安全保障国家となり、監視国家となったことに関して、彼がなんと言うかは想像できないことはない。アメリカが核軍縮の徹底した実施を拒否していることを賞賛し、削減した核兵器の現代化をすすめていることも支持したであろうが、しかし、これとても確言はできない。なぜなら、冷戦期の核武装の唱導者の多くが、結局は、分裂状態にある現在の世界における核抑止力の維持を愚劣と見なすようになったからである。

一九四一年に来たるべき「アメリカの世紀」に関して自分の希望的展望を描こうとしたルースのような人物が持っていたイデオロギーの時代とは全く異なった、強烈な国家間抗争の時代、そして混沌とした二一世紀の状況をルースが見たならば、驚愕しとまどうことであろう。一九四一年から七五年後、ルースが生きていれば、愛する自国の軍隊がアフガニスタンとイラクという二つの小さな国で泥沼に入り込み、そこでの武力紛争が、真珠湾攻撃から第二次世界大戦終結までの時間の三倍以上にあたる長い期間にわたって続いていることを知ることになろう。そのうえ、同時に、アメリカ軍は拡大中東圏の他の五カ国(パキスタン、シリア、リビア、イエメン、ソマリア)でも、終わりの見えない紛争に関わっている。

これらの場所の名前だけからすれば、一見すると、過去の国家間紛争と似たもののように思えるかもしれないが、しかしそうした印象は、少し事態を注視してみればすぐに消えてしまうものである。こうした国家の名前の背後には、そのような国家を保護支配している諸国家、代理戦争、代理軍隊、反乱軍、対抗するテロリストや準軍隊の組織、派閥間の憎悪、部族・民族間紛争、明白な犯罪行為と汚職行為などといった、狂気じみた実態が隠されている。こうした混沌とした現状を第三者として傍観している者にとっては、いったい誰が誰と戦っているのかさっぱり分からない。

公式には、イラク・アフガン戦争は両方とも二〇一六年以前に終わっている。アメリカ合衆国は、二〇一一年一二月にイラクからのアメリカ軍の撤退を発表したし、その二年後には、オバマ大統領は、アメリカはもはや「テロとの世界戦争」を遂行するのは止めたと宣言した。二〇一四年には、アメリカ合衆国とNATOは、アフガニスタンにおける戦闘任務を公式に終わらせた。これらは、作戦活動や象徴的な行動としては重要な進展であったが、現実には、戦争に深く巻き込まれているこの二カ国に対する軍事介入がこれで終わったわけではないし、アメリカ国防総省と契約を結んでいるアメリカならびにその他の国々の幾千人にものぼる請負業者の活動が終わったわけでもない。それまでの対テロ戦争活動は、新しい状況の中で、新しい名称で、その後も続けられている。(2)

アメリカ主導の下にある外国軍は、アフガニスタンから撤退したわけでは決してない。二〇一六年半ばの段階では、ほぼ七〇〇〇名近いアメリカ軍兵員がアフガン兵員の訓練または援助に携わっている。さらに、二八五〇名のアメリカ軍特殊作戦部隊が秘密の「対テロ活動」任務に従事しており、五八五〇名以上のNATO兵がアフガニスタンに配置されている。軍契約業者の数は少なくとも二万六〇〇〇名にのぼっている。アメリカ軍は、イラクには二〇一四年半ばに戻り始めたが、これはイラクならびにその隣国のシリアにおける好戦的なISIL(イラク・レヴァントのイスラム国家)台頭という緊急事態に応えての動きであった。ISILは、二〇〇三年のアメリカ軍主導によるイラク侵略に対抗して闘った兵士に由来する組織である。このISILは、二〇一四年初期から、アメリカ軍の訓練を受けたイラク政府軍を攻撃して重要都市から追い散らし始め、同年六月には大胆にもカリフ制国家の成立を宣言した。二〇一六年半ばの段階でのイラクにおけるアメリカ軍兵員の数は約五〇〇〇名で、二その中には特殊作戦部隊やイラク・シリアの両方で空爆任務にあたる空軍部隊員が含まれている。二〇一四年八月から二〇一六年四月までの間に、イラクの内外で行った空爆で落とされた爆弾数は、合計四万発以上に及んでいる[3]。

二〇一一年の残酷な内戦で破綻をきたしたシリアでは、ＩＳＩＬの残虐行為が、すでにシリア政府によってもたらされた死と破壊の混乱状態に輪をかける形で状況を悪化させた。シリア政府は、イランとロシアの戦闘機の支援を受け、反政府軍が拠点とする人口が密集した都市部を、野蛮な（釘などの金属片を詰めた）樽爆弾、焼夷弾、白燐弾、クラスター爆弾、巨大な地中貫通爆弾、さらには塩素ガスを使って攻撃し、そのような壊滅的な混乱状態を作ったのである。五年間の紛争で殺害された反乱兵、市民、政府軍兵士の推定数は約五〇万人。そのうえ、アレッポのようなすばらしい都市が廃墟と化した。紛争以前の人口は二二〇〇万から二三〇〇万だったが、そのうち少なくとも六六〇万人が国内で難民状態となり、四九〇万人が国外に逃れ難民となった。紛争前の国家人口の半数に及ぶ人たちが故郷を失ったわけであるが、これらの人々は、もちろん、国連が二〇一六年初めに報告した六五〇〇万人以上の、世界中で強制退去させられた人々のうちの一部に過ぎない。

ヘンリー・ルースのあの有名な論考が発表されてから七五年後に、ルースが生きていたとしたら「いったい何を考えただろうか」と想像することは、もちろん一種のゲームに過ぎないが、過去と現在を緊密にかつ大胆な方法で関連づけてみる上では役にたつ。二〇一六年という年は、アメリカが9・11事件に対して軍国主義的な反応を示してから一五年目に当たるが、その間に、その反応の名称は幾度も変わった。「テロとの世界戦争」から（二〇〇九年の予算獲得の目的での官僚的な名称変更による）「海外緊急軍事活動」、（軍人の間で通常使われている）「長期戦争」、さらには（大衆向きの解説で使われる）「永久戦争」という表現さえ今では使われている。また、以前にはなかったような確証的な関連データが今や我々には入手可能となっているが、その驚くべきかつ憂慮すべき内容をルースが知ったならば、いったいどう思ったであろうか。つまり、故郷を失った人々が世界中に散在するその悲劇的な数と、その数は第二次世界大戦とその直後の状況を少し下回るだけであること。アメリカが戦後行った複数の戦争の後で帰還兵の中に見られる長期の精神的・感情的疾患の高い発症率、しかも戦傷者が少なかった一九九一年の湾岸戦争でも高い発症率が見られること。強大な国家安全保障国家を作り上げることで国家を永続的に準戦争状態に置き、それによって民主主義に与えた政治的な危害。たった一日のテロ事件に対して高慢で大げさな反応を示し、将来何十年にもわたる負債を負うことになった、巨額の戦費の浪費。

しかしながら同時に、ルースが生きていたならば、拡大中東圏を分裂させている暴力の大部分は、現地にその原因の根源があることを彼は指摘するに違いない。その事実を否定する者はいないであろう。しかし、9・11事件に対するアメリカ政府(とイギリス政府)の過激な反応が、この地域の不安定化と崩壊を誘発した重要な要因となったことを否定する者もいないはずである。ここで皮肉なのは、大失敗に終わった対テロ戦争を開始するときに使われた公的な美辞麗句の類の表現が、まるで、一九四一年にルースが明確に描写したアメリカの「任務」と「進むべき道」の無断使用のように聞こえることである。

二〇一六年のイギリス政府について言うと、ルースが生きていたならば、イラクへの侵略と占領へのイギリスの関与を独立調査委員会が七年にわたって調査した結果である、一三巻の『チルコット報告』を目にしたことであろう。その報告の内容は、アメリカの先制攻撃戦の開始にイギリス政府が参加を決めたことと、軍事任務内容の明確化と任務遂行でのイギリス軍の無能ぶり、その両方を厳しく告発するものであった。アメリカ合衆国ではなぜ、イギリスが行ったように、関係書類を提出させ、証言の公聴を行い、政策決定を査定し、個人と組織の両方の責任を追及するような公的調査がなされていないのか、とルースならば問いただすであろうか。いや、彼はそのようなことをおそらくしないであろう。問われなければならないもっと鋭い質問は、なぜそのようなことがアメリカでは政治的に不可能なのか、である。責任を問わないということは、アメリカ例外主義に固有の性質なのであろうか？(4)

ルースが今も生きていて、9・11事件から始まった暴力沙汰と苦悩だけではなく、一九四五年から今までに起きたあらゆる破壊行為と殺戮行為を目にしていたならば、アメリカが世界の最後の、かつ最良の希望の国であるというルースの信念は揺らいでいたであろう。それでもなお、彼なら、第二次世界大戦とそれ以前に行われた残虐行為と比べれば、暴力は今では限定的なものとなっていると冷ややかに唱える者たちに同調することであろう。9・11事件以来我々が目にしてきた死、苦痛、苦悩さえ、アメリカ合衆国に限定して言えば、市民の死傷者を避けるための精密爆撃や攻撃抑制を行う技術的、心理的な、賞賛すべき努力につながったと見なしている者たちと声を揃えていたことであろう。

「アメリカの例外的な美徳」という神秘的観念には、無責任、挑発、残酷な軍事力への陶酔、偏執狂、傲慢、容赦のない犯罪行為に、そして犯罪的怠慢にさえ、真剣に考慮を払うという機能が欠落しているのである。

注

第1章　暴力の測定

（1）二〇一三年二月、マーティン・デンプシー将軍の上院軍事委員会における発言。翌日の下院軍事委員会でも、さらには二〇一二年の証言でも同じ内容の発言を彼は行っている。

（2）Steven Pinker, *The Better Angels of Our Nature: Why Violence Has Declined* (Penguin, 2011), xxi〔『暴力の人類史』全二巻、幾島幸子・塩原通緒訳、青土社、二〇一五年〕. ピンカー自身によるコメントあるいは彼のコメントに関連する記事はインターネット上に無数にある。ピンカーは、「長く続いた平和期」という表現が歴史家ジョン・ギャディスからの引用であることを認めている。「最も平和な時期」という表現はピンカーのこの著書の冒頭で使われており、そのあとも基本的に同じ言葉が繰り返したくさん使われている。実際には、暴力減少主張派の議論は、ピンカーの著書が出版される前からすでに広く受け入れられていた。例えば、二〇〇三年に発表されたある学術評論では、「戦争が今や時代遅れのものになりつつあると言えることは、ほとんどあたりまえになっている」と述べられていた。Meredith Reid Sarkees, Frank Whelon Wayman, and J. David Singer, "Inter-State, Intra-State, and Extra-State Wars: A Comprehensive Look at Their Distribution over Time, 1816–1997," *International Studies Quarterly* 47(2003), 49–70 を参照。

（3）「ジェノサイド・ウォッチ　ジェノサイドを終わらせるための国際同盟」のウェブサイト(genocidewatch.org)に発表された、以下の記事に含まれている表を参照。"Genocides, Politicides, and Other Mass Murder Since 1945"(2010). この記事の中で使われている「累積市民死亡者数」は、最低、最高の推計数は使わずに、大まかな推定総数一つだけを挙げている。

（4）この表現は広く使われている。例えば、Steven Pinker and Andrew Mack, "The World Is Not Falling Apart," *Slate*,

December 22, 2014 を参照。

(5) UNHCR, *Global Trends: Forced Displacement in 2015* (June 2016). 国連難民高等弁務官事務所(UNHCR)のこれ以前の報告については *UNHCR: Mid-Year Trends 2015* と UNHCR, *Global Trends: Forced Displacement in 2014* を参照。

(6) David Rieff, "Were Sanctions Right?" *New York Times Magazine*, July 27, 2003.

(7) "Minefield: Mental Health in the Middle East," *Economist*, May 21, 2016.

(8) Terri Tanielian and Lisa H. Jaycox, ed., *Invisible Wounds of War: Psychological and Cognitive Injuries, Their Consequences, and Services to Assist Recovery* (RAND Center for Military Health Policy Research, 2008), 特に以下のページ pp. xxi, 3–5. さらに、これより後のPTSD、TBI、ならびにこれらに関連した精神疾病のデータに関しては、同書の chapter 7 を参照。

(9) Institute for Economics and Peace, *Global Terrorism Index 2015* (November 2015) at economicsandpeace.org; Chicago Project on Security and Terrorism (CPOST), "Suicide Attack Database" (updated April 19, 2016), at cpostdata.uchicago.edu.

(10) ハーバード大学ケネディ・スクールの科学・国際問題ベルファー研究センター所長による、こうした主張内容の要旨の繰り返しについては、Graham Allison, "Fear Death from Tree Limbs, Not Terrorists," *Boston Globe*, February 22, 2016 を参照。

(11) この「三つのD」に関しては、スコット・アトランが、名前を伏せた一空軍将軍の言葉として以下のような表現を紹介している。「私は三つのD——征服し(defeat)、破壊し(destroy)、挫折させる(devastate)ことについて訓練を受けた。ところが今や、我々は三つのR——復興し(rebuild)、改革し(reform)、革新する(renew)ことに責任があると言われる。しかし、私はこれらに関しては全く訓練を受けていない。それで私はいったいどうしたらいいんだ。うまく復興するために破壊しろというのか?」これはアトランの以下の証言からの引用。Scott Atran, "Pathways to and from Violent Extremism: The Case for Science-Based Field Research" (二〇一〇年三月三日の「新しく出現している脅威とその能力」に関する上院軍事委員会小委員会での証言).「全面領域支配」とその他のスローガンや任務に関する声明については、本書第六章で扱う。「全面領域支配」スローガンが紹介されたのは、統合参謀本部の次の二つの出版物、*Joint Vision 2010*(1996)ならびに*Joint Vision 2020*(2000).空軍グローバル攻撃司令部は、核兵器取り扱いの不手際を含む複数の危険な事故の後、冷戦期の戦略空軍司令部(一九九二年に解散)を継承するものとして二〇〇九年に設置された。海外基地に関しては、Department of Defense, *Base Structure Report—Fiscal Year 2015 Baseline*(特にp. DoD-6)を参照。海外基地数に関する非公式(八〇カ国に約八〇〇カ所)の情報については、David Vine, "The United States Probably Has More Foreign Military Bases Than Any Other People, Nation, or Empire in History," *Nation*, September 14, 2015. 同じ著者による、「スイレンの葉」作戦のための、必要に応じての基地設置を含む詳細な海外基地研究については *Base Nation: How U.S. Bases Abroad Harm America and the World*(Metropolitan Books/Henry Holt, 2015). 特殊作戦部隊の海外展開については、本書第八章で詳しく述べる。特殊部隊に関する重要な調査は、ニック・タースによって行われており、ウェブサイト *Tom Dispatch*(TomDispatch.com)にしばしば寄稿している。二〇一六年、ウィリアム・D・ハートゥングは、アメリカ合衆国が「一八〇カ国の防衛軍の武装と訓練に貢献している」と見積もっている。William D. Hartung, "The Pentagon's War on Accountability" on *TomDispatch*, May 24, 2016 を参照。

(12) パキスタン、イエメン、ソマリアでのアメリカ軍の無人爆撃機ドローンによる攻撃に関する、定期的に更新されるデータについては、the Bureau of Investigative Journalism website(thebureauinvestigates.com)を参照。定期的に更新される、イギリス軍のドローンによる攻撃に関する統計表については、the Drone Wars UK website を参照。二〇一四年のイスラエルのドローンによるガザへの致命的な攻撃については、Ann Wright, "Two Years Ago Israel Attacked Gaza for 51 Days as Drone Warfare Becomes the Norm," June 8, 2016, on the Alternet website(alternet.org)を参照。

(13) ストックホルム国際平和研究所のウェブサイトにある以下の記事を参照。the sipri.org, "Global Nuclear

Weapons: Downsizing but Modernizing," June 13, 2016.

(14) Alan Robock and Owen Brian Toon, "Let's End the Peril of a Nuclear Winter," *New York Times*, February 11, 2016. およびこの両名による "Local Nuclear War, Global Suffering," *Scientific American* 302(January 2010), 74–81 も参照。著者は両名とも、核の冬の研究に携わる科学者である。「核兵器製造能力保有」国に関する議論については、本書第三章および第八章を参照。

(15) アメリカの核兵器ならびにその現代化計画に関する簡潔な要略については Hans M. Kristensen and Robert Norris, "United States Nuclear Forces, 2016," *Bulletin of the Atomic Scientists* 72, no. 2("Nuclear Notebook"), March 2016, 63–73.

(16) この大統領演説で具体的に指摘されなかった八カ国とは、以下の国々(年間軍事費の多い順)である。中国、ロシア、サウジアラビア、フランス、イギリス、ドイツ、日本、インド。Anthony H. Cordesman, *The FY2016 Defense Budget and US Strategy: Key Trends and Data Points*(Center for Strategic and International Studies, March 2, 2015), 3–12. 特に p.12 の、ストックホルム国際平和研究所が二〇一四年に収集したデータに基づく表を参照。このときのアメリカ国防総省の年間基本予算は六四〇〇億ドルであるのに対して、次の八カ国の予算総額は六〇七〇億ドルであった。

(17) アメリカ政府の情報に基づいて作成した一兆ドルの内訳表については、Mandy Smithberger, "Pentagon's 2017 Budget Was Mardi Gras for Defense Contractors," *Defense Monitor*, January-March 2016, at the Project on Government Oversight(pogoarchives.org). メルビン・グッドマンは、第二次世界大戦後のアメリカの軍事費の批判的な歴史分析を行っている。Melvin Goodman, *National Insecurity: The Cost of American Militarism*(City Lights, 2013)を参照。William D. Hartung, "The Pentagon's War on Accountability," *TomDispatch*, May 24, 2016 も参照されたし。

(18) ルースが創刊した『タイム』、『ライフ』、『フォーチュン』の三大雑誌は世論に強い影響を与えた。かくして、ルースは、当時の政治的見解に、絶対的とは言えないまでも相当な影響力を及ぼした。この点に関しては、

Alan Brinkley, *The Publisher: Henry Luce and His American Century*(Knopf, 2009)を参照。

(19) Brinkley, *The Publisher*, chapter 12("Cold Warriors"). 特に、朝鮮戦争、ベトナム戦争を中国との戦争に拡大する計画については pp. 365, 367, 377, 445–447, ソ連と中国に対する核兵器を使っての先制攻撃計画については pp. 366, 372–373, 375–376.

(20) こうした様々な批判に関しては、例えば、Andrew Bacevich, ed., *The Short American Century: A Postmortem*(Harvard University Press, 2012)を参照。

第2章　第二次世界大戦の遺物

(1) Department of Veterans Affairs, "America's Wars," May 2015, at va.gov. 「(戦場以外での)軍務中の死亡」については、具体的な情報はなんら提供されていない。これは、一八九八―一九〇二年のスペイン・アメリカ戦争以来続いている通例で、ひじょうに大雑把な分類である。

(2) ジョージ・オーウェルは、一九四五年一〇月に発表した「あなたと原爆」と題した評論で「冷戦」という表現を使った。しかし、この表現の使用が主流となったのは、通常は、一九四七年四月にバーナード・バルーチが演説で用い、ウォルター・リップマンやその他のジャーナリストが取り上げて広めたことに由来するとされている。

(3) B. V. A. Röling, "The Tokyo Trial and the Quest for Peace," C. Hosoya et al., ed., *The Tokyo War Crimes Trial: An International Symposium*(Kodansha and Kodansha International, 1986), 130.〔細谷千博・安藤仁介・大沼保昭編『国際シンポジウム　東京裁判を問う』講談社学術文庫、一九八九年〕

(4) Richard Overy, "Total War II: The Second World War," Charles Townshend, ed., *The Oxford Illustrated History of Modern War*(Oxford University Press, 1997), 129–131. ならびに、同書の同著者による "Air Warfare" の章も参照されたし。

(5) 市民を攻撃目標とするアメリカの政策が出現した歴史的経緯の詳細は、拙著 *Cultures of War: Pearl Harbor/*

Hiroshima/9–11 / Iraq(Norton and New Press, 2010)〔岩波書店より近日刊行予定〕の chapter 8 "Air War and Terror Bombing in World War II" を参照。

(6) この問題に関するアメリカの国立第二次世界大戦博物館による短い要約については、David Mindell, "The Science and Technology of World War II," at learnnc.org.

第3章 冷戦期における核の恐怖

(1) アメリカのこの矛盾については、Tom Engelhardt, *The End of Victory Culture*, updated 2nd ed.(University of Massachusetts Press, 2009; originally published in 1995).

(2) 「狂人理論」は一九九八年ごろからかなり注目されるようになり、二〇〇五年一一月には「カモの釣針」作戦に関する秘密資料が機密解除となった。これらに関しては、とりわけ以下の資料を参照。William Burr and Jeffrey P. Kimball, ed., "Nixon White House Considered Nuclear Options Against North Vietnam, Declassified Documents Reveal: Nuclear Weapons, the Vietnam War, and the 'Nuclear Taboo,'" *National Security Archive*, July 31, 2006, at the nsarchive.gwu.edu; Burr and Kimball, *Nixon's Nuclear Specter: The Secret Alert of 1969, Mad- man Diplomacy, and the Vietnam War*(University of Kansas Press, 2015); Robert G. Kaiser, "The Disaster of Richard Nixon," *New York Review of Books*, April 21, 2016; H. R. Haldeman, *The Ends of Power*(Times Books, 1978; Kaiser, "Disaster of Richard Nixon" で引用されている); Scott D. Sagan and Jeremi Suri, "The Madman Nuclear Alert: Secrecy, Signaling, and Safety in October 1969," *International Security* 27, no. 4(Spring 2003), 150–183. これらの資料のうち最後に挙げたものは、「狂人理論」を「核兵器外交」に関する政治学の文献を検証するためのケーススタディの資料として扱っている。

(3) 機密解除となった資料、NSC 162/2("A Report to the National Security Council by the Executive Secretary on Basic National Security Policy," October 30, 1953)は、アメリカ科学者連合のウェブサイト(以下 fas.org)で見ることができる。

（4）Albert Wohlstetter, "The Delicate Balance of Terror," *Foreign Affairs*, January 1959.

（5）幾分編集し直されたこの戦略空軍司令部作成資料が、有益な要約解説付きで、二〇一五年にジョージ・ワシントン大学付属国家安全保障公文書館によって発表された。William Burr, ed., "U.S. Cold War Nuclear Target Lists Declassified for First Time," National Security Archive Electronic Briefing Book No. 538, at nsarchive.gwu.edu を参照。

（6）核兵器の年代順の一覧表については、自然資源保護協議会（ＮＲＤＣ）作成の "Table of US Nuclear Warheads, 1945–2002" ならびに "Table of USSR/Russian Nuclear Warheads, 1949–2002" を参照。この一覧表では、戦略核弾頭と非戦略核弾頭を分けて記載している。自然資源保護協議会のウェブサイト責任者、ロバート・ジョンストンは、自然資源保護協議会と *the Bulletin of the Atomic Scientists* のデータに依拠しながら、一九四五年から二〇〇七年までの「貯蔵核兵器」に関する様々な一覧表を纏めている。この一覧表には、戦略核弾頭の種類の明細や破壊力など様々な項目が含まれており、ウェブサイト johnstonsarchive.net で見ることができる。Hans M. Kristensen and Robert S. Norris, "Global Nuclear Weapons Inventories, 1945–2013," *Bulletin of the Atomic Scientists* 69, no. 5 (September-October, 2013) も参照されたし。二〇一三年までのアメリカとソ連の核兵器貯蔵量に関する概観である、この論考の p.76 に記載されている累積一覧表では、戦略核兵器と戦術核兵器は区別されていない。貯蔵推定数は資料によって様々である。当書で使用した推定数は、ジョンストンの有益な分類に基づいている。

（7）Joint Chiefs of Staff, "Memorandum for the Secretary of Defense: Berlin Contingency Planning," June 26, 1961, 特に pp. 1–5, 20（この五三ページにわたるメモは推定死亡率をパーセンテージで表示しているが、筆者はこれを、一九六〇年当時のソ連と中国の人口に当てはめて算出している）. このメモは二〇一一年一一月に機密扱いから解除され、ジョージタウン大学付属国家安全保障公文書館に収蔵され、現在はウェブサイトで見ることができる。中国を攻撃目標とする核戦略に関しては、Hans M. Kristensen, Robert S. Norris and Matthew G. McKinzie, *Chinese Nuclear Forces and U.S. Nuclear Planning* (Federation of American Scientists & Natural Resources Defense Council, November 2006)、特に chapter 3 ("China in U.S. Nuclear War Planning"), 127–172, at fas.org. アメリカの核戦争計画者の

極端な偏執病的状態に関する、生々しい公文書館資料を使った優れた研究としては、Eric Schlosser, *Command and Control: Nuclear Weapons, the Damascus Accident, and the Illusion of Safety*(Penguin Press, 2013). とりわけ pp. 202–207(定期的に更新される超機密の「単一統合作戦計画(SIOP)」が一九六〇—六一年に始まったことと、基本的には、この計画が二一世紀初めまで核攻撃目標を決定してきたことを記述), pp. 351–356(核兵器全面攻撃による衝撃的破壊の終末論的状況を秘密裏に推測)を参照。

(8) 第二次世界大戦で使われたすべての爆弾量は、一般的には、通常の爆弾一個をTNT火薬一トンとして計算し、ほぼ三メガトン(三〇〇万トン)であったと考えられている。日本の漁船を放射能汚染した一九五四年のビキニ核実験が、遅ればせながら戦後の日本における反核運動の発展のきっかけとなった。

(9) Kristensen and Norris, "Global Nuclear Weapons Inventories, 1945–2013." アメリカが行った全ての核実験のリストについては US Department of Energy, Nevada Operations Office, *United States Nuclear Tests: July 1945 through September 1992*, December 2000. この全一八五ページの報告書は nnsa.energy.gov で見ることができる。

(10) Johnston, "Nuclear Stockpiles" の中の一覧表を参照。

(11) Amy F. Woolf, *U.S. Strategic Nuclear Forces: Background, Developments, and Issues*(Congressional Research Service, March 18, 2015), at fas.org.

(12) 機密扱いを解除された、アメリカによる核兵器の海外配備に関する文書を基礎にした二次文献としては、以下の三つが挙げられる。①二つの *the Bulletin of the Atomic Scientists* 掲載論文、Robert S. Norris, William M. Arkin, and William Burr, "Where They Were,"(November/December 1999), 26–35, および "Where They Were: How Much Did Japan Know?"(January/February 2000), 11–13, 78–79. ② Robert S. Norris, "United States Nuclear Weapons Deployments Abroad, 1950–1977," *Carnegie Endowment for International Peace*(November 30, 1999). 拙論では、この論考に含まれている明解な一覧表 "Pacific Ashore" で使われている数字を一部利用した。③ Hans M. Kristensen, *Japan Under the US Nuclear Umbrella*(Global Peace and Security Program, Nautilus Institute, July 21, 1999), at nautilus.org.

（13）S. L. Simon and W. L. Robinson, "A Compilation of Nuclear Weapons Test Detonation Data for U.S. Pacific Ocean Tests," *Health Physics* 73 (July 1997), 258–264.

（14）条約の効果に関する国務省の評価については、Office of the Historian, "Milestones: 1961–1968–The Limited Test Ban Treaty, 1963," at history.state.gov. 中国とフランスは一九九二年までＮＰＴに署名しなかった。ＮＰＴはその後の軍縮交渉、とくに一九六九年に始まった戦略兵器制限交渉（ＳＡＬＴ１）とそれに続く、一九七二年の米ソ二国間の弾道弾迎撃ミサイル制限条約をはじめ、幾つかの条約締結への道を開いた。

（15）核保有可能国については、Arms Control Association, "The Status of the Comprehensive Test Ban Treaty: Signatories and Ratifiers," March 2014, at armscontrol.org. 四四の核保有可能国のうち三六カ国がＣＴＢＴに署名している。表にしたものとしては *Universal Compliance: A Strategy for Nuclear Security* (Carnegie Endowment for International Peace, June 2007), at carnegieendowment.org.（特に figure1.1 と table 1.1）。詳細については本書第八章を参照されたし。

（16）「核タブー」概念は、核抑止力の思考が核戦争防止のためには重要とする、いわゆる現実的な議論を正す、あるいは補完する役目を果たしている。これに関する重要な研究としては、Nina Tannenwald, *The Nuclear Taboo: The United States and the Non-Use of Nuclear Weapons since 1945* (Cambridge University Press, 2007). 同著者によるこの著書以前の論考は、"Stigmatizing the Bomb: Origins of the Nuclear Taboo," *International Security* 29, no. 4 (2005), 5–49.

（17）"General Lee Butler's Speech and His Joint Statement with General Goodpaster," December 4, 1996, transcript on the pbs.org website of PBS's "American Experience". およびバトラー将軍の自費出版の回顧録 *Uncommon Cause: A Life at Odds with Convention* (2015) の書評である Robert Green, "On Serendipity, Enlightened Leadership and Persistence". そして、二〇一五年に行われたインタヴューの Robert Kazel, "General Lee Butler to Nuclear Abolition Movement: 'Don't Give Up.'" ここで引用した最後の二つのバトラー将軍の言葉はウェブサイト（wagingpeace.org）で見ること

ができるが、この他にも彼の多くの発言がこのウェブサイトには載せられている。

（18）William J. Perry, *My Life at the Nuclear Brink* (Stanford University Press, 2015), 特に pp. 35, 55 を参照。

（19）Schlosser, *Command and Control*, 327. 現実に起きた、または起きる可能性のある核兵器事故に関するシュロッサーの鋭敏な研究に関する長文の評論 Louis Menard, "Nukes of Hazard," *New Yorker*, September 30, 2013 も参照。

（20）Seth Baum, "Nuclear War, the Black Swan We Can Never See," *Bulletin of the Atomic Scientists*, November 21, 2014. 二三件の危機一髪の事故（一九六二年一〇月のキューバ・ミサイル危機の間に起きた九事故を含む）が一九五六年から一九八三年の間に起きており、これらを含めて一九五六年から二〇一〇年の間に起きた二六の危機的な事故に時系列で焦点を当てた研究である、"Accidental Nuclear War: A Timeline of Close Calls," at futureoflife.org も参照のこと。

（21）このスペイン・パロマレス上空で起きたアメリカ軍の航空事故については、事故から半世紀たって『ニューヨーク・タイムズ』に長い記事が掲載された。Dave Philipps, "Decades Later, Sickness Among Airmen After a Hydrogen Bomb Accident," *New York Times*, June 19, 2016. また、Raphael Minder, "Even Without Blast, 4 Hydrogen Bombs from '66 Scar Spanish Village," *New York Times*, June 20, 2016. この一九六六年の事故は、アメリカの核実験時代に放射能を浴びたアメリカの「被曝兵士」や「風下住民」の問題、さらにはパロマレス事故の後で実施されたような放射能汚染除去に携わって放射能を浴びた兵士の問題への注目を引き起こした。

（22）Peter Hayes and Nina Tannenwald, "Nixing Nukes in Vietnam," *Bulletin of Atomic Scientists*, May-June, 2003. また、Tannenwald, *The Nuclear Taboo* も参照のこと。機密解除となった報告書 *Tactical Nuclear Weapons in Southeast Asia* は幾つかのウェブサイトで見ることができる。

第4章　冷戦期の戦争

（1）第二次世界大戦中にイギリスとアメリカの空軍によって投下された爆弾の総量は二〇〇万トンを少々超え

る。そのうち、六五万六四〇〇トンが太平洋戦域で使われた。一九四五年、広島・長崎への原爆投下以前に、日本の六四都市を破壊したアメリカ軍による空爆で使われた爆弾総量は一六万八〇〇トン(太平洋戦域で使われた爆弾総量の二四パーセント)であった。*U.S. Strategic Bombing Survey, Summary Report*(Pacific War), July 1, 1946, 16を参照。ブルース・カミングスによると、朝鮮戦争でアメリカ軍が投下した爆弾量は六六万七五五七トン(その内三万二五五七トンがナパーム弾)。Bruce Cumings, *The Korean War: A History*(Modern Library, 2010), 159を参照。ルメイ将軍の乱暴な発言については、Curtis E. LeMay with MacKinlay Kantor, *Mission with LeMay: My Story*(Doubleday, 1960), 382を参照。

(2)アメリカ軍がベトナム、カンボジア、ラオスに投下した爆弾推定総量は、通常、七〇〇〇万トンと言われている。キッシンジャーの発言については、Elizabeth Becker, "Kissinger Tapes Describe Crises, War and Stark Photos of Abuse," *New York Times*, May 27, 2004. エンゲルハートのコメントはウェブサイト *TomDispatch*, June 7, 2016を参照。

(3)枯れ葉剤が第二次世界大戦中の考案から始まり、朝鮮戦争、マラヤ危機を経てベトナム戦争で使用が拡大されたという歴史的経緯についての簡潔な解説としては、Judith Perera and Andy Thomas, "This Horrible Natural Experiment," *New Scientist*, April 18, 1985を参照。枯れ葉剤に触れた結果、アメリカ軍のベトナム従軍兵に発生した障害と長期にわたる疾病、ならびに彼らの子どもたちに起きた先天性欠損症は、戦争に関連していると「推定される疾病」という形で退役軍人省に認定されている。

(4)一九八〇年代半ばに二人のオランダ人学者が発表した「ソ連による軍事介入」に関する研究では、大まかに定義された「介入」として四四ケースが挙げられているが、実際には一〇のケースしか分析されていない。Alex P. Schmid and Ellen Berends, *Soviet Military Interventions since 1945*(Transaction Books, 1985)を参照。本文で触れたケースと決定的失敗に終わったアフガニスタンへの介入とは逆に、ソ連の「不介入」のケースとして、上記のシュミットとベレンズによる共著は、ギリシャ内戦(一九四四—四九年)、イラン(一九四五—四六年)、オーストリア占領(一九四五—五五年)、朝鮮戦争(一九五〇—五三年)を挙げている。ウィキペディアの“List of wars 1945–1989”はソ連が関わった「戦争」のリストとして以下の一〇件を列挙している。東ドイツ(一九五三年)、ハンガリー(一九五六年)、エリトリア(一九六一年)、チェコスロバキア(一九六八年)、中ソ国境紛争(一九六九年)、インド・パキスタン戦争(一九七一年、インドを支援)、エチオピア内戦(一九七四—九一年)、アンゴラ内戦(一九七五—二〇〇二年)、エチオピア・ソマリア戦争(一九七七—七八年、エチオピアを支援)、アフガニスタン(一九七九—八九年)。

(5) Ahmed Rashid, “Pakistan: Worse Than We Knew,” *New York Review of Books*, June 5, 2014.

(6) イラン・イラク戦争では、アメリカはイラクを支援しておきながら、その一方で一九八五—八六年にイランに対し、イスラエルを通して、二〇〇〇発の対戦車・対空ミサイルの秘密売却を行った。このことは間もなく、悪名高い「イラン・コントラ事件」として公表されたが、この秘密売却でアメリカが望んでいたのは、①当時イランが拘束していた七人のアメリカ人の人質を解放することをイラン政府に促し、②兵器販売で得た利益を、ニカラグアの左翼系サンディニスタ政府と闘っていた反共ゲリラ「コントラ」支援に使うことであった。

(7) 朝鮮戦争、ベトナム戦争、ソ連・アフガン戦争での戦闘員と非戦闘員の死亡者総数を推定することがいかに困難であるかは、ウィキペディアの長い注釈のある諸項目からも理解できる。ウィキペディアの以下の項目を参照“Civilian casualty ratio,” “Korean War,” “Vietnam War,” “Vietnam War casualties,” “Soviet war in Afghanistan.” イラン・イラク戦争での死亡者数については、Charles Kurzman, “Death Tolls of the Iran-Iraq War,” October 31, 2013, at kurzmanunc.edu. クズマンは、イラン・イラク戦争での死亡者推定数に関する主要な情報源の相互関連性について説明しており、人口調査を基にすると、実際の死亡者数は、イラク政府やイラン政府発表の比較的少ない公的推定死亡者数よりもさらに少ないものであったと示唆している。戦闘での死亡と死亡者数に関する定義の問題については、Bethany Lacina and Nils Petter Gleditsch, “Monitoring Trends in Global Conflict: A New Dataset of Battle Deaths,” *European Journal of Population* 21(2005), 145–166 を参照。

(8) 例えば、「中国内戦」というウィキペディアの項目では、「死亡者数」の代わりに、「死傷者数」というきわめてあいまいな表現を使い、一九四五―四九年の間の死傷者数を「(市民を含む)総数六〇〇万人」としている。通常の「戦闘死亡者」データでは推定一二〇万人となっている。Lacina and Gleditsch, op. cit., 154 を参照。「戦闘」あるいは「軍事作戦」で殺された「すべての人間、兵士、市民」という範疇での「戦闘死亡者」の推定数を、一二〇万人としている。

(9) 国連が一九四八年に採択した「集団殺害罪の防止および処罰に関する条約」(通称「ジェノサイド条約」)では、ジェノサイドを「国民的、人種的、民族的又は宗教的集団を全部又は一部破壊する意図をもって行われた行為」と定義している。一九四六年一二月の国連決議九六では、「ジェノサイド犯罪」は「人種的、宗教的、政治的または他の集団が、全部又は一部破壊されるとき」に起きると定義されていた。「ジェノサイド条約」で「政治的」という言葉が削除されたのは、ソ連その他の幾つかの国が反対したためであったが、多くの学者や政治活動家は、この一九四六年の元の定義を使い続けている。これについては、例えば、Ervin Staub, *The Roots of Evil: The Origins of Genocide and Other Group Violence* (Cambridge University Press, 1989), 8. を参照。一九四五年以降のジェノサイドの多くのリストに、カンボジア、インドネシア、北朝鮮、中華人民共和国や旧ソ連での大量政治殺害が含まれているのは、こうした理由による。いくつかの人権監視団体は、ジェノサイドに関する自分たちの報告に政治的殺人のケースが含まれていることが分かりやすくなるように、報告書のタイトルを工夫している。例えば、The International Alliance to End Genocide, "Genocides, Politicides, and Other Mass Murder Since 1945" (c. 2010), at genocidewatch.org. 現在では、第二次大戦後に起きた三〇ないしそれ以上のケースがジェノサイドに類するものとしてリストアップされている。例えば、Inter-Parliamentary Alliance for Human Rights and Global Peace (IPAHP), "Acts of Genocide since World War II" (c. 2014), at ipahp.org.

(10) Monty G. Marshall, comp., "Major Episodes of Political Violence, 1946–2013," Center for Systemic Peace, Virginia, at systemicpeace.org. 資料編纂にあたってCIAの資金援助を受けたということに関しては、二〇一四年三月一七

日にウェブサイトが更新された折に、この詳細なリストの末尾で認めている。

（11）Meredith Reid Sarkees, Frank Whelon Wayman, and J. David Singer, “Inter-State, Intra-State, and Extra-State Wars: A Comprehensive Look at Their Distribution over Time, 1816–1997,” *International Studies Quarterly* 47, no. 1(2003), 49–70. この論考は「戦争関連プロジェクト（ＣＯＷ）」のデータと方法論に関して詳細な分析を試みている。

（12）ウプサラ紛争データ・プログラム（ＵＣＤＰ）による「戦争」の定義は、一年間の戦闘関連死亡者数が一〇〇〇名以上となっている。ＵＣＤＰのデータと、その数量化を規定する重要な用語と概念に関しては、Lotta Themner and Peter Walensteen, “Armed Conflict, 1946–2013,” *Journal of Peace Research* 51, no.4(2014)を参照。

（13）ここでの引用文は、連邦議会調査局（ＣＲＳ）報告書に含まれているもの。Richard F. Grimmett, “Instances of Use of United States Armed Forces Abroad, 1798–2004,” *Congressional Research Service*(report RL30172), October 5, 2004, on the Naval Historical Center website at au.af.mil. このＣＲＳ報告書は、同著者によって二〇一〇年一月二七日に、一七九八―二〇〇九年の情報を含むものとして（RL32170という参照記号で）更新され、二〇一六年一〇月七日、一七九八―二〇一六年までの情報を含むものとして、バーバラ・サラッツァー・トレオンによって再び（参照番号RL42738として）更新された。最新のものはウェブサイト（fas.org）で見ることができる。

（14）ウェブサイトthe Global Security（globalsecurity.org）は、“Covert Operations”と題した部分で、これら八一件の秘密工作活動について、描写的にコメントしている。三二件の軍事介入に注目する以下の論考も参照されたし。William Blum, “A Brief History of U.S. Interventions: 1945 to the Present,” *Z Magazine*, June 1999. 同著者は、*Killing Hope: US Military and CIA Interventions Since World War II*(Common Courage Press, 1995)の中で、七〇件の「極めて由々しい介入」に注目している。Tim Weiner, *Legacy of Ashes: The History of the CIA*(Doubleday, 2007)も参照されたし。この著書の題名から分かるように、著者は、ＣＩＡの工作活動に批判的である。その不当な内容よりは、無能さに対してではあるが。

（15）ＯＳＳの秘密冊子『破壊工作簡略実践手引書（*Simple Sabotage Field Manual*）』の原本は、二〇一二年にＣＩ

Aによって秘密指定解除となり、インターネット上で見ることが可能である。CIAが作成しニカラグアで配布した、挿絵の入った破壊工作冊子については、本書第五章で説明する。

(16)「カオス作戦」は一九七三年に廃止されたが、その詳細はシーモア・ハーシュの長い評論で明らかにされた。Seymour Hersh, "Huge C.I.A. Operation Reported in U.S. Against Antiwar Forces, Other Dissidents in Nixon Years," *New York Times*, December 22, 1974 を参照。最終的に約一〇〇〇の組織が監視の対象となった。

(17) Coleman McCarthy, "The Consequences of Covert Tactics," *Washington Post*, December 13, 1987. この元CIAメンバーのグループの名称は「責任ある異議の会」で、代表は、アンゴラ、コンゴ、ベトナムでCIAの準軍事的活動に携わったジョン・ストックウェルという人物である。彼はある時期、アメリカ国家安全保障局の一小委員会のメンバーでもあった。一九八〇年代半ば、ストックウェルは「CIAの秘密戦争」と題する長い講演をあちこちで行ったが、その内容はいろいろな形でインターネット上で公表されている。『ワシントン・ポスト』紙は、CIAの工作活動で六〇〇万人が死亡したという推定記事を載せたが、犠牲者の中には、ベトナム戦争関連での流血事件や、一九六五—六六年のインドネシアでの共産主義者とされた人々に対する虐殺事件で、CIAが共犯行為を行った結果の犠牲者も含まれている。

(18) カーター大統領の一般教書演説における重要な部分は以下の箇所である。「今やソ連軍の脅威を受けているアフガニスタン内の地域は戦略的に極めて重要な地域である。この地域には世界に輸出可能な石油埋蔵量の三分の二が存在する。アフガニスタンを支配しようとするソ連は、インド洋から三〇〇マイル内にソ連軍を派遣しホルムズ海峡にも迫っているが、この地域は石油が世界各地に送られる水域でもある。かくして、現在、ソ連は自らの戦略的立場を強固なものにしようと躍起になっており、このことは、中東の石油の自由な輸送に対する由々しい脅威である」。この演説の後半部分で、カーターは、「イランとアフガニスタンの危機は我々に重要な教訓を与えた。その教訓とは、海外の石油に依存しすぎていることによって、我々の国家安全保障が明らかに危機に直面しているということである」とも述べた。「カーター主義」は、その大部分が国家安全保障問題担当大統領補佐官ズビグネフ・ブレジンスキーによって作成された。

（19）アメリカ海軍歴史・遺産統括部のウェブサイト（history.navy.mil）に掲載されている“History of the U.S. Navy”（掲載年月日不明）の Michael A. Palmer, “The Navy: The Transoceanic Period, 1945–1992”を参照。

（20）アフガニスタンにおける反ソ連活動に関するブレジンスキーの評価については、“Interview with Dr. Zbigniew Brzezinski (13/6/97),” at nsarchive.gwu.edu.

（21）Ronald Reagan, “PEACE: Restoring the Margin of Safety,” address to the Veterans of Foreign Wars convention in Chicago, August 18, 1980. レーガンのこの演説は、レーガン図書館のウェブサイト（reaganlibrary.archives.gov）とカリフォルニア大学サンタ・バーバラ校のアメリカ大統領プロジェクトのウェブサイト（presidency.ucsb.edu）で読むことができる。「ベトナム症候群」論は現在も保守派の中では重要視されているが、以下の幾つかの重要な点を無視している。その一つは、テレビや報道調査が毎日のごとくアメリカの家庭に届けた、ベトナムにおけるアメリカ軍の行動の残虐性である。二番目は、戦争が多くの戦闘生存兵に与えた精神的打撃と相まって、何年も続いたアメリカ兵の戦闘死に関する報道がアメリカ人全体に与えた深い影響。三番目は、アメリカ軍が戦って支援していた南ベトナム政府が政治腐敗と賄賂にまみれていたことが、次第に明らかになったことである。さらに、戦争が長引くや、アメリカ軍内の規律と士気が低下し、それが軍全体の中に不和と軍崩壊への懸念を引き起こした。これら全ての問題に加えて、北ベトナム軍と南ベトナムの解放民族戦線（ベトコン）という敵が、予想以上に強固な抵抗を維持し続けたことも忘れてはならない。

（22）Greg Schneider and Renae Merle, “Reagan’s Defense Buildup Bridged Military Eras: Huge Budgets Brought Life Back to In- dustry,” *Washington Post*, June 9, 2004.

（23）“Launching the Missile That Made History,” *Wall Street Journal*, October 1, 2011.

（24）Francis X. Clines, “Military of U.S. ‘Standing Tall,’ Reagan Asserts,” *New York Times*, December 13, 1983. 四分の一世紀後に出されたグレナダ侵略に関する短い陸軍の刊行物は、グレナダではベトナムでのような冷酷な失敗を防げ

たというお祝い気分を、またもや再現している。この刊行物の結論部分では、軍内部での相互協力という点で問題があったにもかかわらず、「作戦は目的を果たし、「ベトナム症候群」からアメリカ合衆国が回復し始めたという印象を、軍自体と世界に向けてアピールした」と書いている。*Operation Urgent Fury: The Invasion of Grenada*, October 1983(U.S. Army Center of Military History, 2008), 36 を参照。

第5章　代理戦争と代行テロ

（1）John H. Coatsworth, "The Cold War in Central America, 1979–1991," Melvyn Lefler and Odd Arne Westad, ed., *The Cambridge History of the Cold War* vol. 3(Cambridge, 2010), 220.

（2）"Alleged Assassination Plots Involving Foreign Leaders," interim report of the Select Committee to Study Governmental Operations with Respect to Intelligence Activities, US Senate(1975), 71. この調査委員会は、委員長である上院議員フランク・チャーチの名前をとった、「チャーチ委員会」としてよく知られている。

（3）Timothy J. Kepner, "Torture 101: The Case Against the United States for Atrocities Committed by the School of the Americas," *Dickinson Journal of International Law* 19(Spring 2001). この論考はアメリカ学校に関する大量の批判的文献を紹介している。一九九六年、アムステルダムで開催されたアムネスティー映画祭ではアメリカ学校に関するドキュメンタリー映画「暗殺学校の内部(Inside the School of the Assassins)」が上映された。この問題に関する法的訴追の要旨に関しては、Bill Quigley, "The Case for Closing the School of the Americas," *Brigham Young University Journal of Public Law* 20, no. 1(May 2005).

（4）アメリカ支援の「コンドル作戦」を国家支援テロと「代行テロ」という、より大きな脈絡の中で詳細に分析したものとして、J. Patrice McSherry, "Operation Condor: Clandestine Inter-American System," *Social Justice*, Winter 1999 を参照。これはインターネットでも読める。さらに、この分析を簡潔にまとめた論考として、同著者による "Operation Condor: Cross-Border Disappearance and Death," TeleSUR, May 25, 2015, on the TeleSUR website(telesurtv.net)も参照。この論考には、「コンドル作戦」で「殺害されたと思われる、あるいは行方不明になった」五万人ほどの人々の国ごとの集計と、南アメリカのすぐれた地図が含まれている。この残虐行為の大部分はアルゼンチンとチリで行われた。同著者はまた、以下の本の執筆者でもある。*Predatory States: Operation Condor and Covert War in Latin America* (Rowman and Littlefield, 2005). エルサルバドルで行われた最も悪名高い「汚い戦争」の虐殺の一つに関する、アメリカの共謀と隠蔽についての評価の高い調査としては、Mark Danner, *The Massacre at El Mozote: A Parable of the Cold War* (Vintage/Random House, 1994).

(5) 本文で言及した、アメリカ学校で使われたスペイン語の手引書は全てウェブサイト the School of the America Watch(soaw.org)で見ることができる。英語に翻訳された数多くの引用を用い、手引書の要旨を紹介し批判した論考としては、Latin American Working Group, "Declassified Army and CIA Manuals," at lawg.org. 本書の引用文は、この論考から引用した。「貧困の原因……」の引用文は、Gail Lumet Buckley, "Left, Right and Center," *America*, May 9, 1998 より。

(6)『ゲリラ戦における心理作戦(*Operaciones sicologicas en guerra de guerrillas*)』はコントラの反政府勢力分子のために、英語の *Psychological Operations in Guerrilla Warfare* からスペイン語に翻訳されたものであるが、英語版はＣＩＡのウェブサイトと、fas.org に掲載されており、本文では後者の版を用いた。Evan Thomas, "How to 'Neutralize' the Enemy," *Time*, October 29, 1984 も参照されたし。

(7) 漫画本スタイルの冊子『自由の闘士のための手引書(*Manual del combatiente por la libertad / The Freedom Fighter's Manual in English references*)』は、英語版を含め、幾つかのウェブサイトに掲載されている。

(8) これらの資料については、以下のウェブサイトで、全文または要旨を読むことができる。

①機密解除となったＣＩＡ手引書――*KUBARK Counterintelligence Interrogation* (July 1963) および *Human Resources Exploitation Training Manual—1983*. 注釈付きのこれらの資料は、両方とも "Prisoner Abuse: Patterns from the Past" という項目で二〇一四年五月にウェブサイト(the nsarchive.gwu. edu)に掲載された。ここには、二

〇一四年に機密解除されたクバーク手引書も含まれている。この手引書はＣＩＡが編集した後で公表されたものではあるが、一九九七年に機密解除となった初期の手引書ほど大幅には改編されていない。
②国家安全保障公文書館も、アメリカ学校の七冊の『拷問手引書』に関連する、機密解除となった二つの短い資料を公表している。そのうちの一つは一九九一年のもので、一九八二年からアメリカ学校で教え、いわゆる「テロ手引書」を作成したビクター・ティース少佐との面談記録である。“Document 4: DOD, USSOUTHCOM CI Training—Supplemental Information, CONFIDENTIAL, 31 July, 1991.” カーター政権が、「訓練が外国での人権侵害の一因になることを恐れて」対諜報活動訓練を一時停止させたと、ティース少佐は述べている。
③アメリカ学校の手引書七冊全てのスペイン語版は、ウェブサイト(soaw.org)の“SOA Manuals Index”の項目にある。
④ＣＩＡの二冊とアメリカ学校の七冊の手引書からの引用と分析は、Latin America Working Group, “Declassified Army and CIA Manuals,” at lawg.org を参照。
⑤その他の詳細な分析としては、Linda Haugaard, “Textbook Repression: US Training Manuals Declassified,” c. 1997 (mediafilter.org)などを参照。
⑥“Report on the School of the Americas,” March 6, 1977, at fas.org.
⑦『ワシントン・ポスト』紙は、アメリカ学校の七冊の手引書が一一カ国の「数千人」にのぼる軍人に配布されたと報じている。Dana Priest, “U.S. Instructed Latins on Executions, Torture,” *Washington Post*, September 21, 1996 を参照。

（9） これらの「外交的取り繕い」の言葉は様々な情報源から入手できる。一例を挙げれば、一九九一年と九二年にアメリカ学校手引書が初めて審査の対象となったときの国防総省の公式の回答“Fact Sheet Concerning Training Manuals Containing Materials Inconsistent with U.S. Policy,” reprinted in National Security Archive, “Prisoner Abuse.” を参照。前掲の Kepner, “Torture 101” も参照されたし。

(10) Barbara Jentzsch, "School of the Americas Critic," *Progressive*, July 1, 1992.

(11) 筆者は第二次世界大戦中に、アメリカが、日本人の「国民性」の研究に社会科学の専門知識を応用したことに関して、拙著 War Without Mercy: Race and Power in the Pacific War (Pantheon, 1986)〔『容赦なき戦争——太平洋戦争における人種差別』猿谷要監修、斎藤元一訳、平凡社ライブラリー、二〇〇一年〕で分析した。アメリカ学校の「拷問手引書」を、過去と現在という歴史的脈絡の中で分析した優れた論考に、James Hodge and Linda Cooper, "Roots of Abu Ghraib in CIA Techniques," *National Catholic Reporter*, November 5, 2004 がある。

(12) McSweeny, "Operation Condor"; Kepner, "Torture 101."

(13) Coatsworth, "The Cold War in Central America," 216–221.

第6章　世界の旧体制と新体制　一九九〇年代

(1) Frank N. Schubert and Theresa L. Kraus, ed., *The Whirlwind War: The United States Army in Operations DESERT SHIELD and DESERT STORM* (Center of Military History, United States Army, 1995).

(2) 影響力のあるアメリカの軍事評論家、アンソニー・H・コーデスマンが、9・11事件前に、次のように書いている。「湾岸戦争は、近代戦争の姿を変えた。統合作戦、迅速な航空機ならびに装甲車による作戦行動、精密誘導攻撃システム、夜間ならびにどのような天候状態においても戦闘可能な能力、精密な電子制御装置を使う戦闘・司令・指揮能力、前線の背後深くを目標にして攻撃する能力の重要性を画期的に高め、軍事革新の開始とも言える状況を作り出した」。Anthony H. Cordesman, "The Persian Gulf War," John Whiteclay Chambers II, ed., *The Oxford Companion to American Military History* (Oxford University Press, 2000).

(3) 既存の軍事活動に、作戦行動の中心となった空中戦の技術的改革を混合させたことを重要視する(二九六ページにわたる)詳細な軍の公式の分析についてはインターネットで参照できる。Thomas A. Keaney and Eliot A. Cohen, *Gulf War Air Power Survey: Summary Report* (Historical Studies Division, Department of the Air Force, 1993). 特に chapter 10("Was Desert Storm a Revolution in Warfare?"), pp. 235–251.

(4) Michael G. Vickers and Robert C. Martinage, *The Revolution in War* (Center for Strategic and Budgetary Assessments, December 2004). この長文(二二七ページ)の報告書は、軍事革新の技術面について優れた概観を提供している。引用文は、この報告書の"Executive Summary"の冒頭の文章からである。同じセンターによる再評価としては Barry D. Watts, *The Maturing Revolution in Military Affairs* (2011).

(5) 多国籍軍側の航空機の損失に関しては Department of Defense, "The Operation Desert Shield/Desert Storm Timeline," August 8, 2000, on the DoD website (defense.gov).「一〇〇時間戦闘」の陸上戦でのイラク側の設備の損失の推定数は様々であるが、破壊が極めて甚大であったことについては異論がない。前述のコーデスマン("The Persian Gulf War")は、イラク側はほぼ三二〇〇台の戦車、九〇〇台以上のその他の装甲車両と二〇〇〇台の大砲を失ったと見ている。

(6) Eric Rouleau, "The View from France: America's Unyielding Policy toward Iraq," *Foreign Affairs* 74, no. 1 (January/February 1995), 61–62.

(7) Keaney and Cohen, *Gulf War Air Power Survey*. 特に pp. 46, 69, 71–77, 118–119, 218–221, 248–251.「死傷者を減らすこと」という文言は p. 250.

(8) アメリカ軍兵士の推定死亡者数は、資料によってごくわずかの違いがある。

(9) 以下のウェブ記事で読むことができる。Beth Osborne Daponte, "A Case Study in Estimating Casualties from War and Its Aftermath: the 1991 Persian Gulf War," *PSR Quarterly* (June 1993), 57–66. 湾岸戦争中、アメリカ政府の人口統計官として働いたダポンテは、アメリカが再びイラクに侵略した二〇〇三年に記者からのインタヴューを受けている。詳しくは、"Toting the Casualties of War," *Businessweek*, February 5, 2003. ならびに Jack Kelly, "Estimates of deaths in first war still in dispute," *Pittsburgh Post-Gazette*, February 16, 2003, at old.post-gazette.com. 湾岸戦争に続いて、イラクに対して一〇年以上にわたる経済制裁がなされたとき、イラク国民の深刻な健康被害状態(とくに乳幼

児の高い死亡率)が大きな論争の的となった。この問題に関しては、前出の拙著 *Cultures of War*, 90–93 で論じている。

(10) *War in the Persian Gulf: Operations Desert Shield and Desert Storm, August 1990–1991*(Center of Military History, U.S. Army, 2010). 引用の文章は p. v と p. 1 より。

(11) *Public Papers of the Presidents of the United States: George H. W. Bush, 1991*(Government Printing Office, 1992), 197, 207.

(12) ブッシュ大統領の一九九〇年九月一一日、一九九一年一月一六日と二九日の演説内容は、アメリカ大統領の様々な公文書を紹介する幾つものウェブサイトで読むことができる。例えば "Public Papers of the Presidents," at the National Archives(archives.gov), および presidency.ucsb.edu.

(13) 一九九〇年代の「軍事革新」に関するここでの記述は、以下の文献を含む、様々なウェブ上の情報源に基づいている。General Accounting Office, *Joint Military Operations: Weaknesses in DOD's Process for Certifying C4I Systems Interoperability*(March 1998); Vickers and Martinage, *The Revolution in War; Watts, The Maturing Revolution in Military Affairs; U.S. Navy, Copernicus—Forward: C4I for the 21st Century*(June 1995), at fas.org; Defense Technical Information Center, *C4I for the Warrior—Global Command & Control System: From Concept to Reality*(1996), at dtic.mil; Admiral William A. Owens, "The Emerging U.S. System-of-Systems," *Institute for National Strategic Studies, National Defense University, Strategic Forum*, no. 63(February 1996), または dtic.mil; Vice Admiral Arthur K. Cebrowski and John J. Garstka, "Network-Centric Warfare: Its Origin and Future," *U.S. Naval Institute Proceedings*, January 1998, または usni.org; William H. J. Manthorpe Jr., "The Emerging Joint System of Systems: Engineering Challenge and Opportunity for APL," *Johns Hopkins APL Technical Digest* 17, no. 3(1996)[APL: Advanced Physics Laboratory], at jhuapl.edu; Central Security Service, *National Security Agency, Maritime SIGINT Architecture Technical Standards Handbook*, Version 1.0: Maritime Information Dominance for America(March 1999), at tscm.com.

(14) 統合参謀本部が出したこの二つの戦略報告書はウェブ上で見ることができる。*Joint Vision 2010: America's Military—Preparing for Tomorrow.* 特に pp. 2, 11–14, 25–28. ここでの引用は、*Joint Vision 2020*, p. 6 に見ることができる。

(15) Manthorpe, "Emerging Joint System of Systems"; Owens, "Emerging U.S. System-of-Systems."

(16) こうした危機感あふれる軍事問題ならびに関連分野の文献に対する注釈つきのコメントについては、一九九六年に海兵隊指揮幕僚大学に提出され、今は機密解除となっている以下の資料を参照。Major Charles L. Hudson, "Remaining Relevant in the 21st Century" (Defense Technical Information Center), at dtic.mil.

(17) John A. Tures, "United States Military Operations in the New World Order," *American Diplomacy*, April 2003. トゥレスによると、冷戦後の四八パーセントのアメリカ軍事行動が国連の承認をえたものであり、二八パーセントがNATOとの共同(しばしば国連の承認と重複する)行動である。

(18) Andrew J. Bacevich, "Even If We Defeat the Islamic State, We'll Still Lose the Bigger War," *Washington Post*, October 3, 2014.

(19) Chalmers Johnson, "America's Empire of Bases," at *TomDispatch*, January 15, 2004. ジョンソンが使っている国防総省の推定数は同省が出した二〇〇三年(会計年度)版の *Base Structure Report* から得たものである。この論考は、ジョンソンが自著 *The Sorrows of Empire: Militarism, Secrecy, and the End of the Republic* (Metropolitan Books, 2004) で展開した議論の要約である。

(20) 新「沿岸」作戦を強調する海軍の基本的な出版物としては以下のものがある。*From the Sea: Preparing the Naval Service for the 21st Century*, a September 1992 white paper, at au.af.mil; *Forward . . . from the Sea*, 1994, at dtic.mil; and *Forward . . . from the Sea: The Navy Operational Concept*, March 1997, at navy.mil. 海兵隊においては、ミヤット将軍の「沿岸地域の無秩序」という概念が、一九九七年に海兵隊戦闘実習所が訓練プログラムとして取り入れた「都市の戦士作戦」のための基盤となった。この作戦は、政治的、社会的、宗教的、部族的な複雑な抗争が予

測される「沿岸都市」(別名「コンクリート・ジャングル」)に焦点を当てたものであった。一九九〇年代にある海兵隊士官が行った研究によれば、「沿岸地域」とは「海から二〇〇マイル〔約三二二キロ〕まで」の陸上地域を意味するものであった。Hudson, "Remaining Relevant"を参照。

(21)「南方警戒作戦」と呼ばれる飛行禁止空域作戦は、多国籍軍中央司令部の管轄下に置かれ、この作戦で一九九二年から二〇〇一年の間にイラク上空を飛んだアメリカ軍機の発動数は一五万回に及んだ。この間、約五〇〇〇人のアメリカ軍兵員がサウジアラビアに駐留した。サウジアラビア出身のビン・ラディンは、しばしば、アメリカ軍の駐屯に対する怒りを表明したが、最もよく知られているのは、一九九六年の長文の「ファトワ〔イスラム教指導者が下す決定〕」である。この中でビン・ラディンは、「預言者ムハンマドの死以来、最近、イスラム教徒たちが受けた最大の侵略は、イスラム世界の基盤である二つの聖地〔メッカとメディナ〕の占領である」と述べた。全文はウェブサイト(pbs.org)や他のウェブサイトでも見ることができる。

第7章　9・11事件と「新しいタイプの戦争」

(1) 9・11事件関連の文献ではよく知られている『世界的規模での攻撃マトリックス』を暴露した最初の記事はBob Woodward and Dan Balzin "At Camp David, Advise and Dissent," *Washington Post*, January 31, 2002. ラムズフェルドの発言は"America Widens 'Crusade' on Terror," online at BBC News, September 16, 2001. チェイニーの有名な「闇の世界」に関するコメントは、二〇〇一年九月一六日のNBCのテレビ・インタヴューで発言されたものである。

(2) Louise Richardson, *What Terrorists Want: Understanding the Enemy, Containing the Threat* (Random House, 2006), 167. 同様に、二〇一一年、イギリスの安全保障関連の情報機関であるMI 5(軍情報部第五課)元長官、エライザ・マニングハム・ブラー女侯爵は、9・11攻撃の性質に関して「犯罪ではあるが戦争行為ではない」という考えを表明し、「テロに対する戦争という表現が役立つとは全く思わなかった」と述べている。彼女は、テロ攻撃の問題は軍事的に解決することは決してできないと述べている。Richard Norton-Taylor, "MI5 Former Chief Decries 'War on Terror,'" *Guardian*, September 1, 2011.

（3）「対テロ戦争」の初期の段階、すなわち9・11事件からアフガニスタンとイラクへの侵攻を経て、この戦争が泥沼化することが明らかになる二〇〇四年頃までは、アメリカ政府高官たちは、第二次世界大戦と「対テロ戦争」とを類似的に見なすという間違いを、本気でやっていたように思われる。「大量破壊兵器」が彼らの考えの中心に置かれ、「キノコ雲」の亡霊に意図的に言及することでその考えが強調されるということが起きた。ブッシュ大統領は、真の世界的脅威はイラク、イラン、北朝鮮の「悪の枢軸国」であると主張することで、第二次世界大戦の「枢軸国」を思い出させた。イラクへの侵略は、一九四五年からの連合軍によるドイツと日本の占領との比較で考えられた。占領下のイラクで、スンニ派とバアス党の軍人ならびに官僚を追放したことで実質的に統治ができなくなり、結局は反乱軍を発生させてしまったその大失敗は、明らかに占領下ドイツでの「非ナチ化」計画を模範としていた。二〇〇三年五月一日、ブッシュ大統領が「任務完了」と書かれた横断幕の下で、イラクに対する勝利を早々と宣言するというシーンをカリフォルニア沿岸の空母艦上で行うことを設定したとき、それは一九四五年九月に東京湾の戦艦ミズーリ号の艦上でダグラス・マッカーサー将軍が日本降伏の儀式をとりおこなったことを、模倣する考えに明らかに基づいていた。

（4）「楽勝（cakewalk）」という表現は、助言機関である国防政策委員会のネオコン委員の一人であるケン・アデルマンが最初に使ったものである。以下の彼の新聞論説を参照。*Washington Post* on February 13, 2002（"Cakewalk in Iraq"）and April 10, 2003（"'Cakewalk' Revisited"）.

（5）Donald Rumsfeld, "A New Kind of War," *New York Times*, September 27, 2001. John Esterbrook, "Rumsfeld: It Would Be a Short War," CBS News, November 15, 2002, at cbsnews.com.

（6）ラムズフェルドとイラク戦争の大失敗に関する無数の批判的評論の一例として以下のものがある。Mark Danner, "Rumsfeld: Why We Live in His Ruins," *New York Review of Books*, February 6, 2014. この評論は、エロル・モリスが製作したラムズフェルドに対するインタヴュー・ドキュメンタリー映画 *The Unknown Known*, と、ラムズフェルドの回顧録 *Known and Un- known: A Memoir* および Bradley Graham, *By His Own Rules: The Ambitions, Successes, and Ultimate Failures of Donald Rumsfeld* を扱っている。

（7）『野蛮の経営学（*The Management of Savagery: The Most Critical Stage through which the Umma*［*Islamic State*］*Will Pass*）』のウィリアム・マッカンツによる全文英語翻訳はインターネット上で読むことができる。スコット・アトラン、マリーズ・ラスベン、ジェイソン・バークといった学者は、深い洞察力から、イスラムのテロリズムに「文明の衝突」理論を適用することを批判しており、グローバル・テロリズムに関しては、非合理的、教条主義的で残虐な要素だけではなく、非宗教的で「合理的」、経営学的、社会学的な要素にも注目するよう促している。

（8）Anthony H. Cordesman, "The Real Revolution in Military Affairs," *Center for Strategic and International Studies*, 2014, at csis.org.

（9）Tim Shorrock, "The Corporate Takeover of U.S. Intelligence," *Salon*, June 1, 2007, at salon.com. Dana Priest and William M. Arkin, "Top Secret America: A Hidden World, Growing Beyond Control," *Washington Post*, July 19, 2010. 図表や解説イラストを含むこの調査報告は、以下のウェブサイトで読むことができる。washingtonpost.com/topsecretamerica.

（10）以下の論考に含まれている表を参照。Ulrich Petersohn, "Privatizing Security: The Limits of Military Outsourcing," *CSS Analysis in Security Policy*（Center for Security Studies, ETH Zurich, September 2010）, at css.ethz.ch.

（11）Esther Pan, "Iraq: Military Outsourcing," *Council on Foreign Relations*, May 20, 2004, at cfr.org. 関連データについては、以下の二つの連邦議会調査局報告書を参照。Moshe Schwarz and Joyprada Swain, "Department of Defense Contractors in Afghanistan and Iraq: Background and Analysis," May 13, 2011; Heidi M. Peters, Moshe Schwartz, and Lawrence Kapp, "Department of Defense Contractor and Troop Levels in Iraq and Afghanistan: 2007–2016," August 15, 2016. 軍事業

務の民営化に関する文献は豊富にある。

(12)「特別引き渡し」に関する、影響力のあった初期の暴露記事は、Jane Mayer, "Outsourcing Torture: The Secret History of America's 'Extraordinary Rendition' Program," *New Yorker*, February 14, 2005. のちの詳細な(二一六ページの)分析として、Open Society Justice Initiative, *Globalizing Torture: CIA Secret Detention and Extraordinary Rendition* (Open Society Foundations, 2013), at opensocietyfoundations.org. この報告書によると、この秘密作戦でＣＩＡと共謀した国は五四カ国にのぼり、一三六人が尋問された。

(13) David M. Herszenhorn, "Estimates of Iraq War Cost Were Not Close to Ballpark," *New York Times*, March 19, 2008. ブッシュ大統領の首席経済アドバイザー、ローレンス・B・リンゼイは、二〇〇二年九月号の『ウォール・ストリート・ジャーナル』で、戦費が他の者たちが言っているよりも高くなるであろうと述べたため批判された。ラムズフェルドもその批判者の一人で、戦費を低く見積もって、予算局は「五〇〇億ドルを下回るもの」と考えていると述べた。ラムズフェルドとその他の人々による初期の戦費の過小評価については、Martin Wolk, "Cost of Iraq War Could Surpass $1 Trillion," NBC News, March 17, 2006, at nbcnews.com.

(14) Linda J. Bilmes, "The Financial Legacy of Iraq and Afghanistan: How Wartime Spending Decisions Will Constrain Future National Security Budgets," March 2013, Harvard Kennedy School Research Working Paper (RWP13–006), at hks.harvard.edu. 通常隠されているこれらの戦費のさらに詳細な分析についてはNeta C. Crawford, "U.S. Costs of War Through 2014: $4.4 Trillion and Counting," June 25, 2014, on Brown University's Watson Institute for International and Public Affairs website at watson.brown.edu. 上記の二つの報告書には詳しい注釈が付けられている。この二つの報告書は、連邦議会予算局と連邦議会調査局による低い見積額と並べて、以下の資料の中で紹介されている。Anthony H. Cordesman, *The FY2016 Defense Budget and US Strategy: Key Trends and Data Points* (Center for Strategic and International Studies, March 2, 2015), 45–52. よく引用される通例的な戦費分析は Amy Belasco, "The Cost of Iraq, Afghanistan, and Other Global War on Terror Operations Since 9/11" (Congressional Research Service Report RL33110, De-

cember 8, 2014), at fas.org.

(15) Watson Institute for International and Public Affairs, Brown University, "US & Allied Killed," Costs of War website, updated February 2015. ならびに "The Costs of War Since 2001: Iraq, Afghanistan, and Pakistan," updated April 2015. 二〇一六年一月現在、ウェブサイト the Iraq Body Count は、イラクでの紛争による総死亡数を戦闘員も含めて、二五万一〇〇〇人と見なしている。同時に、二〇〇三年一月初めから記録されている四万七〇〇〇以上にのぼるケースでの市民の犠牲者数を、一六万三三人から一七万八八四九人の間と推定している。二〇一五年末時点での世界大に拡散した難民六五三万人という数に関しては本書第一章でも言及した。UNHCR, *Global Trends: Forced Displacement in 2015*.

(16) *Body Count: Casualty Figures after 10 Years of the "War on Terror"—Iraq, Afghanistan, Pakistan*, 1st international edition, March 2015. この報告書を共同で発表した組織はドイツの「核戦争防止国際医師会議(International Physicians for the Prevention of Nuclear War)」、アメリカの「社会的責任のための医師会(Physicians for Social Responsibility)」、カナダの「世界生存のための医師会(Physicians for Global Survival)」である。この報告書は「社会的責任のための医師会」のウェブサイト(psr.org)で見ることができるが、これはドイツのグループが二〇一四年一〇月に作成したものを基礎にしている。もちろん、これよりも低い推定数をとっている資料もある。例えばウィキペディアの "War on Terror" の項目では、イラク・アフガニスタン戦争での様々な「犠牲者」推定数について注釈つきで紹介している。

(17) Watson Institute for International and Public Affairs, Brown University, "US Veterans & Military Families," Costs of War website, updated January 2015. つい最近の心的外傷性脳損傷に関する研究については Alan Schwarz, "Research Traces Link Between Combat Blasts and PTSD," *New York Times*, June 9, 2016. および Robert F. Worth, "What If PTSD Is More Physical Than Psycho- logical?" *New York Times*, June 10, 2016.

(18) National Center for PTSD, "How Common Is PTSD?"(Department of Veterans Affairs, n.d.), at ptsd.va.gov(ベトナム、

湾岸、イラク、アフガニスタンの各戦争におけるＰＴＳＤ推定発症率の数字はこれに拠った）.二〇一五年のアメリカ政府の調査は、二〇〇〇年から二〇一五年初期の間の三二万七二九九ケースの「心的外傷性脳損傷」を網羅した表を含んでおり、その大部分を「軽症」としている。Hannah Fischer, *A Guide to U.S. Military Casualty Statistics: Operation Freedom's Sentinel, Operation Inherent Resolve, Operation New Dawn, Operation Iraqi Freedom, and Operation Enduring Freedom*（Congressional Research Study, August 7, 2015）, 4. ＰＴＳＤとＴＢＩのデータについては、本書第一章も参照されたし。

（19）Bilmes, "The Financial Legacy of Iraq and Afghanistan," 4–9.

（20）短期で終わった湾岸戦争は、広く行き渡ったがよく理解されていない、湾岸戦争症候群と呼ばれる障害問題をもたらした。退役軍人省は、この病気が「医学的に説明不可能な様々な慢性症状で、その中には、疲労、頭痛、関節痛、消化不良、不眠、目まい、呼吸困難、記憶力低下などが含まれている」ことを認めている。可能性のある原因としては、油田の火炎、燃焼した採掘資材、殺虫剤、予防注射ワクチンやその他の化学物質の影響が考えられている。

（21）ブッシュ大統領はしばしばテロに対する戦争を、こうした言葉使いで描写した。以下を参照。"Remarks to the National Endowment for Democracy," October 6, 2005 at georgewbush-whitehouse.archives（「この戦争は共産主義との戦いと類似している」）、ならびに、"Remarks on the Anniversary of Operation of Iraqi Freedom," March 19, 2004, accessed through US Government Publishing Office at gpo.gov（「文明とテロとの間の戦いに中立の立場はありえない。なぜなら、善と悪の間、自由と隷属の間、生と死の間に中立というのはありえないからだ」）.

（22）この映画は二〇〇三年のアカデミー長編ドキュメンタリー映画賞を獲得したエロル・モリス監督の *The Fog of War: Eleven Lessons from the Life of Robert S. McNamara* であり、その書き起こしはウェブサイト（the errolmorris.com）で読むことができる。このインタヴューでマクナマラは、自分が一九四五年のアメリカ軍による日本への絨毯爆撃に若いシステム分析官として関わったことも述べ、戦争犯罪行為であったと今は認識していることを示唆している。

（23）Department of the Army, *Counterinsurgency*(FM 3–24), December 2006. 二八二ページにのぼる同じ実戦手引書(MCWP 3–33.5)が海兵隊にも配布されている。この機密解除になった資料はインターネット上で読むことができる。

（24）アフガニスタンでのソ連の敗戦から学ぶことをせず、対反乱活動を無視し、イラク侵略の危険性についてのアメリカ軍中層部と民間からの警告も無視したことについては、拙著 *Cultures of War*, 127–132 を参照。最高レベルの責任者たちが自分たちの気に入らない情報を無視したことに関しては、二〇一六年七月にイギリスで発表された長文の『チルコット報告(イラク調査報告)』でも明らかにされており、「イラク国内の紛争の危険性、イランの積極的な利益追求、地域的な不安定性、イラクにおけるアルカイダの活動については、イラク侵攻の前から明白に分かっていたことであった」にもかかわらず、トニー・ブレア首相と最上位の政策立案者たちはこれらを無視した、と結論づけている。この報告の発表に当たっての、二〇一六年六月六日のジョン・チルコット卿の談話についてはウェブサイト(iraqinquiry.org.uk)を参照。また以下の記事も参照されたし。Jonathan Steele, "Trouble at the FCO," *London Review of Books*, July 28, 2016.

（25）二〇〇六年四月一八日のテレビ番組 NewsHour での、ジャック・レーラーによるジャック・キーン将軍へのインタヴューでの発言内容。ジョン・A・ナゲルは、新しい『対反乱用実践手引書』の前書きで、キーン将軍のこの言葉を引用している。

第8章　不安定の連鎖拡大反応

（1）ドミノ現象の最後の国としての日本の役割に関しては、拙論 "The Superdomino in Postwar Asia: Japan In and Out of the Pentagon Papers," Noam Chomsky and Howard Zinn, ed., *The Pentagon Papers: The Senator Gravel Edition*, vol. 5(Beacon Press, 1972), 101–142.

（2）National Intelligence Council, *Mapping the Global Future: Report of the National Intelligence Council's 2020 Project* (December 2004), 97, 117, 118.

（3）最近の多くの批判的評論がこの点を強調している。例えば、Patrick Cockburn, "The Age of Disintegration: Neoliberalism, Interventionism, the Resource Curse, and a Fragmenting World," *TomDispatch*, June 28, 2016.

（4）「七五カ国」については、Karen DeYoung and Greg Jaffe, "U.S. 'Secret War' Expands Globally as Special Operations Forces Take Larger Role," *Washington Post*, June 4, 2010.「一五〇カ国」に関しては、Claudette Roulo, "Votel Takes Charge of Special Operations Command," *DoD News*, at defense.gov. ウェブサイト *TomDispatch* への寄稿者である調査ジャーナリスト、ニック・タースは、オバマ政権による公然・非公然両方の工作活動に対する最も鋭い観察者である。彼の論考は、"A Secret War in 120 Countries" (August 3, 2011); "Obama's Arc of Instability" (September 18, 2011); "The Special Ops Surge: America's Secret War in 134 Countries" (January 16, 2014); "The Golden Age of Black Ops" (January 20, 2015); "Iraq, Afghanistan, and Other Special Ops 'Successes'" (October 25, 2015).

（5）John Sifton, "A Brief History of Drones," *Nation*, February 27, 2012 はハイテク利用による目標設定暗殺の起源、関連専門用語、複雑な心理についての洞察力にとんだ論考である。

（6）「背の高い男」作戦に関しては前掲論文参照。パキスタン、イエメン、ソマリアにおけるドローン攻撃に関しては、定期的に更新されるイギリスのウェブサイト Bureau of Investigative Journalism (the- bureauinvestigates.com)を参照。

（7）数字に関しては、Scott Shane, "Drone Strikes Reveal Uncomfortable Truth: U.S. Is Often Unsure About Who Will Die," *New York Times*, April 23, 2015. 引用した言葉については、Tom Engelhardt, "Who Counts: Body Counts, Drones, and 'Collateral Damage' (aka 'Bug Splat')," *TomDispatch*, May 3, 2015.

（8）Jay Solomon and Carol E. Lee, "Obama Contends with Arc of Instability Unseen Since '70s," *Wall Street Journal*, July 13, 2014.

（9）Andrew F. Krepinevich, *The Quadrennial Defense Review: Rethinking the US Military Posture* (Center for Strategic and

Budgetary Assessments, October 24, 2005), 4. 二〇〇五年九月一四日、アメリカ連邦議会下院軍事委員会における「四年ごとの防衛調査報告書」(政府戦略評価、The Quadrennial Defense Review)に関するクレピネヴィッチによる証言も参照。クレピネヴィッチの影響力のある関連報告は、戦術・予算評価センター(CSBA: the Center for Strategic and Budgetary Assessments)のウェブサイト(csbaonline.org)で読むことができる。ＣＳＢＡはアメリカ政府ならびにアメリカ軍と緊密な関係にある、独立の戦略シンクタンクである。

(10) Hans Kristensen, *Nuclear Futures: Proliferation of Weapons of Mass Destruction and US Nuclear Strategy*("Basic Research Report 98.2," British American Security Information Council, March 1998), at nukestrat.com. 詳細な注釈がつけられたこの報告書では、国防総省内の議論を含め、核兵器の役割の再目的化に関する細かな分析が行われている。これに関しては、以下の文献も参照されたし。Kristensen's "Targets of Opportunity," *Bulletin of the Atomic Scientists*(September/October 1997), 22–28.

(11) Kristensen, *Nuclear Futures*, 12, 17, 20, 21(付随的損害について); 19–20(小型核兵器について); 22(「兵器中心の環境」について).

(12) Policy Subcommittee, Strategic Advisory Group, US Strategic Command, "Essentials of Post-Cold War Deterrence"(1995). 原書類である八ページのタイプされたメモはウェブサイト(nukestrat.com)参照。このメモで使われている用語「大量破壊兵器」には、アメリカがすでに使用を放棄していた化学ならびに生物兵器が含まれていた。

(13) 例えば、以下のウェブサイト Arms Control Association(armscontrol.org); Nuclear Threat Initiative(nti.org); Federation of Atomic Scientists(fas.org)のＳＴＡＲＴ１の項目を参照。

(14) ここで使用した数字はジョンストンの前掲論文"Nuclear Stockpiles"の多様な図表のデータを基にしているが、彼が使っているこれらの数字のほとんどは自然資源保護協議会(ＮＲＤＣ)が収集したデータに依拠している。同時に、ジョンストンは他の資料からの推定数も表記している。二〇〇二年、ＮＲＤＣのウェブサイト(nrdc.org)は、各年ごとの貯蔵核兵器を戦略核弾頭、非戦略核弾頭、貯蔵核弾頭に分けて表記する、ひじょうに役に立つ二つの歴史年表を掲載した。その二つの年表は、“US Nuclear Warheads, 1945–2002”と“USSR/Russian Nuclear Warheads, 1949–2002”である。しかし、二〇一六年七月時点では、後者の年表は見ることができないようである。

(15) 二〇〇二年の「核態勢見直し報告」は機密扱いとなっているが、二〇〇一年一二月三一日、広範囲にわたる抜粋が連邦議会に対して公表された。その内容はウェブサイト(globalsecurity.org)で見ることができる。対中国政策については、Kristensen, Norris, and McKenzie, *Chinese Nuclear Forces and U.S. Nuclear Policy* を参照。

(16) ハンス・クリステンセンは、こうした計画や報告書に関して二つの詳細な解説を付した年表を作成した。その二つとは、Hans Kristensen, “The Role of Nuclear Weapons in Regional Counterproliferation and Global Strike Scenarios,” University of New Mexico workshop, September 2008, at fas.org(「世界的規模での攻撃」に関するこの段落での引用文はここで使われているもの)、および“U.S. Nuclear Weapons Guidance,” Nuclear Information Project, 2008, at nukestrat.com.

(17) ここでは取り扱わないが、アメリカの核関連条約への関与に関する概要については、Jonathan E. Medalia, *Comprehensive Nuclear Test-Ban Treaty: Background and Current Developments* (Congressional Research Service, September 29, 2014), 2–3, at fas.org.

(18) ここで引用したのは、『ウォール・ストリート・ジャーナル』誌に掲載された五つの共同論文のうちの、最初の二つからである。“A World Free of Nuclear Weapons”(January 4, 2007)および“Toward a Nuclear-Free World”(January 15, 2008).

(19) “Message from the President on the New START Treaty,” February 2, 2011.

(20) 二〇一五年三月時点での公式保有数については、Arms Control Association, “Nuclear Weapons: Who Has What at a Glance,” April 2015 (armscontrol.org). 少々多めに見積もってある二〇一五年保有数のデータとそれに関する明晰な批評については Federation of American Scientists, “Status of World Nuclear Forces,” April 28, 2015 update (fas.

org).

(21) William J. Broad and David E. Sanger, “U.S. Ramping Up Major Renewal in Nuclear Arms,” *New York Times*, September 22, 2014.

(22) Federation of American Scientists, “Status of World Nuclear Forces.”

(23) “The New Nuclear Age: Why the Risks of Conflict Are Rising,” *Economist*, March 7–13, 2015. ならびに、“Still on the Eve of Destruction,” *Economist*, November 20, 2014(special issue on “The World in 2015”).

(24) ウランとプルトニウムの所有国の数については、Carnegie Endowment, *Universal Compliance: A Strategy for Nuclear Security*, tables 4.2 and 4.4. 様々な場所での核テロの可能性について分析しているグラハム・アリソンの論考は、Graham Allison, “A Response to Nuclear Terrorism Skeptics,” *Brown University Journal of World Affairs*(Fall/Winter 2009), 31–44. ならびに、“Nuclear Terrorism Fact Sheet,” Belfer Center for Science and International Affairs, Harvard Kennedy School, April 2010(belfercenter.ksg.harvard.edu).

第9章　七五年目の「アメリカの世紀」

(1) 八〇〇のアメリカ軍海外基地に関しては David Vine, “The United States Probably Has More Foreign Military Bases Than Any Other People, Nation, or Empire in History,” *Nation*, September 14, 2015. 武器輸出に関しては、Catherine A. Theohary, *Conventional Arms Transfers to Developing Nations, 2007–2014*(Congressional Research Service, December 21, 2015). 特に p. 20 に掲載されている二〇〇七―一〇年と二〇一一―一四年の円グラフを参照。

(2) 戦争が終わっていないにもかかわらず戦争終結を宣言することには、そうした表現にある種の魔力があるからである。公式には、「持続する自由作戦」と呼ばれたアフガニスタンでのアメリカの戦争は、二〇〇一年一〇月七日から二〇一四年一二月二八日まで続いたことになっている。実際には、二〇一五年一月一日からは、「自由の番人作戦」と呼ばれる新しい任務がアフガニスタンで始まった(この作戦は、NATO軍との共同での

「断固たる支援作戦」の一部となった)。「イラクの自由作戦」と呼ばれたイラクでの戦争は二〇〇三年三月一九日から、オバマ大統領が戦闘任務の終結を宣言した二〇一〇年八月三一日まで続いたことになっている。二〇一〇年九月一日からは、軍事作戦は「新しい夜明け作戦」と呼ばれ、二〇一一年一二月三一日にイラク戦争は正式に終わったと宣言された。こうした経緯については、例えば、Barbara Salazar Torreon, “U.S. Periods of War and Dates of Recent Conflicts”(Congressional Research Service, February 27, 2015)を参照。オバマ大統領は、「テロとの世界戦争」という用語をもはや使わないようにしたいと、二〇一三年五月二三日に国防大学で行った演説で発言している。この演説で彼は、「我々は「テロとの世界戦争」を、地理的限定が全くないものとしてではなく、アメリカを脅かす特定の極端な暴力主義者たちのネットワークを除去するための、持続的で、目標を定めた努力として定義する必要がある」と述べた。この演説の全文はホワイトハウスのウェブサイト(whitehouse.gov)で読むことができる。

(3) “War in Afghanistan: The General’s Words,” *Economist*, June 11, 2016; Heidi M. Peters, Moshe Schwartz, and Lawrence Kapp, “Department of Defense Contractor and Troop Levels in Iraq and Afghanistan: 2007–2016”(Congressional Research Service, August 15, 2016); Tom Vanden Brook, “New Rules Allow More Civilian Casualties in Air War against ISIS,” *Military Times*, April 19, 2016(「四万発の爆弾」について).

(4) 一五〇ページの概要と一二巻にのぼる文書に加えて、委員長ジョン・チルコット卿の声明文からなるチルコット報告書の全文は、その報告書が発表された二〇一六年七月六日にウェブサイト(iraqinquiry.org.uk)に載せられた。この調査報告書は、二〇〇一年から二〇〇九年までのイギリスのイラク政策を審査している。しかしながら、イラク侵略の合法性に関する問題については取り扱っていない。この点に関しては、例えば、以下の論考を参照されたし。Philippe Sands, “A Grand and Disastrous Deceit,” *London Review of Books*, July 28, 2016; Richard Falk, “Is Genocide a Controversial International Crime?” July 30, 2016, at richardfalk.wordpress.com(ウェブサイト Global Justice in the 21st Century).

訳者あとがき

本書はJohn W. Dower, *The Violent American Century: War and Terror Since World War II*(Haymarket Books, 2017)の日本語訳である。

日本近現代史研究の巨匠、ジョン・ダワーのこれまでの数々の著書のほとんどは日本語に翻訳され広く愛読されているので、多くの読者はこの著書の内容が、これまでのような日本近現代史の問題にではなく、アメリカの戦後の軍事問題に焦点が当てられていることに奇異な印象を受けるかもしれない。しかしながら、ダワーの長年にわたる研究の経緯をたどってみると、実は、本書は当然に彼が到達すべきところに行き着いた結果と言えるのである。その理由についての訳者なりの理解を、できるだけ簡潔に説明しておきたい。読者の本書理解の一助になれば幸いである。

一九三八年生まれのダワーは、アムハースト大学在学中の一九五八年の夏休み中、国際交流プログラムで初めて訪日し、金沢に滞在。これがきっかけで、日本文化に深く興味をおぼえるようになり、卒業後はハーバード大学大学院に進学し、森鷗外研究で修士号を得ている。一九六二年から再び来日し、金沢女子短期大学で英語教員を務めたり、東京の英語図書の出版社で美術書の編集に携わったりして一九六四年まで滞在。一九六五年にハーバード大学大学院に戻り、博士課程に入るが、この時期はアメリカのベトナム戦争への介入が急速に拡大した時であり、ダワーも反戦運動に関わるようになった。ベトナム反戦運動が高潮期を迎えた一九六八年に、ダワーの研究関心は日本近現代史に移っている。それは、冷戦期、ベトナム戦争の泥沼にはまり込んでいく自国アメリカに対する厳しい批判という視点を基盤に、そうした視角から日本の戦中・戦後史を捉えてみたいという強い思いがダワーを動かした結果だったと考えられる。

そのような彼が博士論文の研究テーマに選んだのは、戦後のアメリカ軍占領期における首相・吉田茂の思想、行動と政策の分析であった。それは、吉田個人に焦点を当てながらも、吉田という人物を通して占領期の「民主化政策」そのものを問うことをテーマとしていた。その結果、「民主化政策」が、実は「帝国日本と新生日本の融和」として進められ、したがって戦前・戦中と戦後の日本政治には根本的に継続している要素が多々あったことを指摘。その上で、日本の保守権力が日米関係(=アメリカへの従属)の中でいかに戦後の政治を支配するようになっていったかを詳細に抉り出した。一九七二年に博士号を取得したダワーのこの論文に基づく著書、『吉田茂とその時代(*Empire and Aftermath: Yoshida Shigeru and the Japanese Experience, 1878—1954*)』(中公文庫)は一九七九年に出版されている。

さまざまな公文書、出版物、回想記、書簡を駆使するという、博士論文執筆で使ったダワーの緻密な資料分析方法は、その後ますます磨きがかけられた。対象となる資料の範囲が大きく広げられ、大衆雑誌、映画や漫画、宣伝ポスターなど、歴史家がそれまであまり注目してこなかった多種多様な大衆文化に光を当て、その裏に隠されている歴史的意味の解読を試みるという、きわめて斬新な方法をダワーはあみ出した。そのような日米両国の戦時中の大衆文化資料と公文書を駆使した研究成果が、一九八六年に出版された『容赦なき戦争(*War Without Mercy: Race and Power in the Pacific War*)』(平凡社ライブラリー)という、アメリカ出版賞を授与された著書であった。この著書では、それまでの「日本人は特異な人種」というステレオタイプのイメージを打ち破り、戦争という過酷で凄まじい暴力状況においては、日米の敵味方双方が極端なまでに人間性を急速に喪失し、自己自身を残虐化していく過程を、さまざまな例証を使いながら生き生きと描き出した。

ダワーは、大量の資料収集と分析に長年を費やし、熟考を重ねた上で原稿の執筆にあたるという徹底した完璧主義的スタイルを一貫してとるため、短い評論は別として、主要著書の完成には毎回、一〇年前後かかっている。その結果が毎回、傑出した内容の作品となっているのも、したがって驚きではない。『容赦なき戦争』出版の一三年後の一九九九年に出版された『敗北を抱きしめて(*Embracing Defeat: Japan in the Wake of World War II*)』(岩波書店)は、まさにその典型的な例であり、この著書は、二〇〇〇年のピューリッツアー賞、アメリカ出版賞などいくつもの賞を獲得した。ここでは、敗戦後の苦しい貧困生活の中で、平和構築や日本社会の民主化に向けて積極的に動き出したさまざまなレベルの市民活動が一方でありながら、他方では「パックス・アメリカーナ(アメリカの支配による平和)」という方針の下で、戦後日本の「自由と民主主義」がいかに屈折し歪曲されたものとなったかという、複雑な日本の政治社会状況を、いろいろな興味深い出来事の分析を通して描き出している。

『容赦なき戦争』と『敗北を抱きしめて』の両著書においては、日米両国と市民の錯綜した絡み合いが紐解くように描かれているのであり、したがって、ダワーの視点は日本にのみ注がれているのではない。基本的には、彼は、軍事大国のアメリカが、天皇制軍国主義の日本、敗戦した日本とどのように対峙し、どのように対応したのかという、常に「比較史」的アプローチを試みている。そうした比較史の彼の視点の基調には、自国アメリカは一体、どのような歴史を歩んで現在のような暴力的な超軍事大国になってしまったのかという、底深い批判的な疑問が常に横たわっていると考えられる。

ここに、ダワーより一世代上の傑出した歴史家、故ハワード・ジン（一九二二―二〇一〇）の思想と重なる問題意識があることを、私は強く感じる。ジンは第二次世界大戦中、ヨーロッパ戦線でアメリカ軍爆撃機の爆撃手として各地で空爆に従事したが、戦争が終わるや、それが非道で犯罪的な無差別爆撃であったという冷酷な実態を知る。こんな残虐な大量殺戮行為を大々的に犯した自国は、いったいどのような歴史を歩んでこのような国になったのか、という疑問がジンのアメリカ史研究の出発点であり、彼の一生変わらない問題意識であった。この視点からジンは『民衆のアメリカ史（*A People's History of the United States*）』（明石書店）をはじめ、数々の名著を残した。

ジンが自国を洞察するためにアメリカの歴史に直接焦点を当てたのに対し、ダワーは、一旦、自国の歴史を日本という鏡に映し、自国史を外から見た目で描き出すという手法をとってきた。こうした間接的な手法をとることによって、直接的手法では投影されないような、微妙に隠された自国の姿が見えてくるという、ひじょうに興味深い結果を産み出している。逆に、アメリカという強烈な光が日本の歴史に当てられることによって、日本人には見えにくい自己自身の画像を見せられ、知らなかった自分の姿があったことに気がつき驚かされるのである。ここにこそ、ダワー作品の「おもしろさ」の秘訣があるように思える。

実は、ダワーは、『敗北を抱きしめて』の出版から一一年後の二〇一〇年に、再び大著『*Cultures of War: Pearl Harbor, Hiroshima, 9–11, Iraq*（戦争の文化――真珠湾、広島、9・11、イラク）』を出版したが、残念ながら日本語版は未だ出版されていない(岩波書店より近日刊行予定)。この本では、先に述べたような日米比較史の「おもしろさ」が、見事なまでに展開されている。ここでは、9・11テロ攻撃とイラク戦争を舞台にしながらも、真珠湾攻撃と9・11テロ事件、原爆と空爆、イラク占領と日本占領、アメリカ軍のイラク兵捕虜と日本軍の連合軍捕虜の虐待、日本軍将兵戦犯裁判とサダム・フセイン裁判など、様々な重要な問題が比較史的に、鋭利な批判的視点から分析されている。そうした比較分析の結論として、戦争は単なる政策や戦略の問題ではなく、そのような残虐非道な戦争行為を政府が開始し遂行することを支えている社会全体の「文化」の問題として捉える必要があることを強く訴えている。過去の多種多様な戦争事象を走馬灯のように浮かびあがらせる比較研究を通して、アメリカの「戦争文化」全体を痛烈に鋭く批判している、卓越した内容の著作である。

こうして、長年の日米比較史研究の結果、アメリカの「戦争文化」自体を問題にしたダワーは、今度は超軍事大国である自国アメリカが、第二次大戦後どのような「暴力の世紀」を歩んできたのかを、国家全体の問題として鳥瞰図的に描き出そうとした。したがって、本書は、これまでの彼の研究軌跡と密接につながっている、ごく当然の結果だったのである。

ここで描かれているのは、戦後これまでの七〇年以上にわたる「パックス・アメリカーナ」の追求が、実は、「平和の破壊」をもたらす連続であったということである。すなわち、「暴力的支配」が産み出す「平和の破壊」を、「支配による平和」に変えようとさらなる「暴力」で対処することによって、皮肉にも、「暴力」の強化と拡大を「戦争文化国家」であるアメリカが、世界中で、繰り返し、悪循環的に産み続けてきたという事実である。現在のひじょうに不安定な世界状況が、いかなる過程を経て発生し、発展してきているのかが簡潔明瞭に理解できる分析となっている。
日本は、このようなアメリカに自国を軍事的にますます従属させるために、このわずか数年の間に、特定秘密保護法の制定、集団的自衛権行使容認の閣議決定、明らかに憲法違反である新安保法制導入、沖縄におけるアメリカ軍辺野古新基地の強権的な建設、原子力空母ロナルド・レーガンを中心とする第五空母航空団の岩国への移転、戦前・戦中の「治安維持法」なみの悪法である「共謀罪法」の制定などを、次々と推し進めてきた。さらには、北朝鮮攻撃を視野に入れた巡航ミサイル導入の計画や、最終的には憲法九条破棄を目指すスケジュールをも今や具体的に進めつつある。かくして、日本市民はアメリカの「グローバル・テロ戦争」へとますます深く引きずり込まれつつあり、日本社会もまた「戦争文化国家」への道を急速に進みつつある。このような危機的な時期であるからこそ、ダワーのこの著書『アメリカ　暴力の世紀』を、我々自身を見つめる鏡として熟読すべきであろう。

二〇一七年一〇月一〇日

田中利幸

ジョン・W. ダワー (John W. Dower)
1938年生まれ．日本近代史・日米関係史．マサチューセッツ工科大学名誉教授．著書に『吉田茂とその時代』(中公文庫)，『敗北を抱きしめて』『忘却のしかた，記憶のしかた』(いずれも岩波書店)，『昭和』(みすず書房)など．

田中利幸
歴史家．元広島市立大学広島平和研究所教授．著書に *Hidden Horrors: Japanese War Crimes in World War II* (Second Edition, Rowman & Littlefield)，『空の戦争史』(講談社現代新書)，共著に『原発とヒロシマ』(岩波ブックレット)，翻訳書にハワード・ジン『テロリズムと戦争』(大月書店)など．

アメリカ　暴力の世紀
――第二次大戦以降の戦争とテロ　　ジョン・W. ダワー

2017年11月14日　第1刷発行
2020年7月15日　第5刷発行

訳　者　田中利幸《たなかとしゆき》

発行者　岡本　厚

発行所　株式会社　岩波書店
〒101-8002 東京都千代田区一ツ橋 2-5-5
電話案内 03-5210-4000
https://www.iwanami.co.jp/

印刷・理想社　カバー・半七印刷　製本・牧製本

ISBN 978-4-00-022099-6　　Printed in Japan